KB119406

직장
갑질에서
살아남기

이 책의 인세는 '직장갑질119'에 기부됩니다.

호락호락
넘어가지
않는
'을'들의
실전

박점규 지음 × 권두섭 감수

직장
갑질에서
살아남기

한겨레출판

아름다운 사람들의
용기와 연대

'직장갑질119'가 출범하던 날이 떠오릅니다. 여론조사 전문 기관에 의뢰해 직장인 700명을 설문조사한 결과 10명 중 7명이 직장갑질을 당했다는 결과를 언론에 발표한 후, 운영진(스태프)들이 카카오톡 오픈채팅방(gabjil119.com)을 열었습니다. 누군가가 찾아와 억울한 사연을 호소해야 하는데, 몇 사람이나 들어올까? 신장개업을 한 가게 주인처럼 초조하게 손님을 기다렸습니다.

"안녕하세요. 오늘 출범한 직장갑질119 스태프 박점규입니다. 이곳은 직장에서 겪은 부당한 대우와 갑질을 고발하고, 함께 문제 해결을 위해 노력하는 공간입니다. 조금은 어색한데요, 궁금한 게 있으시면 무엇이든 물어보세요. 눈팅만 하셔도 되고요^^"

언론에 보도된 기사를 추려 채팅방에 올리며 말문을 열었습니다. 아이디 'Yesgood' 님이 말문을 텄습니다.

"저는 국가기관에서 일하고 있습니다. 상사의 인격모독적 폭언에 업무를 못하고 있습니다. 퇴사를 생각하고 있습니다만 억울하고 분해서 이대로 있어서는 안 되겠다고 생각하던 차에 기사를 보게 되었습니다."

"일요일 밤 11시에 전화 안 받았다고 쌍욕 먹었습니다. 살려주세요. 매일 야근을 기본 12시까지 하고 간혹 새벽 4~5시까지도 합니다. 야근수당 없고요. 한번은 쉬지도 않고 37시간 일한 적도 있네요." (아이디 '용용')

"간호부장에게 찍힌 게 육아휴직과 연차 개수를 노동부에 알아봤다는 이유 때문이었습니다. 일개 직원이 노동부에 알아본다고, 세금 먹는 회충이라는 소리도 듣고. 이런 게 현실이네요." (아이디 '아지맘')

직장갑질119 스태프들이 이야기를 들어주고 공감하는 말 몇 마디를 건네자 하소연이 터져 나왔습니다. 수다가 쉼 없이 이어지고 참여 인원이 하나둘 늘어났습니다. '몸도마음도언제나겨울' '이사에게복수를' '을오브을' '돈내놔' '지만잘났어'… 익명이 보장되는 방에 들어오면서 본명 대신 지은 '웃픈' 이름의 직장인들이 제보를 쏟아냈습니다. 자세한 이야기를 듣고 싶어 전자우편(gabjil119@gmail.com)을 안내했습니다. 첫날 오픈채팅방 48건, 전자우편 7건 등 55건의 고발이 접수됐습니다.

직장갑질119를 준비하며 6개월 동안 토론을 했습니다. 직장인 10명 중 9명이 노동조합의 보호 밖에 있는 나라. 공공기관은 68퍼센트, 300명 이상 대기업은 51퍼센트가 노조에 가입했는데, 100명 미만 회사는 2퍼센트, 30명 미만 회사는 0.1퍼센트가 노조원입니다. 억울한 일 당한 직장인들의 신문고가 절실했습니다.

직장인 누구나 손쉽게 접근할 수 있고, 부담 없이 익명으로 신고할 수 있는 카카오톡 오픈채팅방을 플랫폼으로 삼았습니다. 정류장에 모인 사람들과 수다를 떨고 고민을 나누다, 더 깊은 사연은 전자우편을 통해 주고받기로 했습니다. 비슷한 직업군이 많아지면, 네이버 밴드로 업종별 모임을 만들기로 했습니다. 노동인권 실현을 위한 노무사모임, 민주노총 법률원, 민주사회를 위한 변호사모임, 공익인권법재단 공감, 공익인권변호사모임 희망을만드는법, 노동건강연대, 비정규직 없는 세상 만들기 등에서 노동자들을 위해 공익 활동을 해왔던 노동전문가 140명이 참여했습니다. 오늘도 아름다운 사람들이 직장인들에게 손을 내밀고 있습니다.

　직장갑질119를 통해 세상에 알려진 사건들을 떠올려봅니다. ①한림대성심병원 선정적 장기자랑 ②농협 간부 소주병 폭행 ③쿠쿠전자 직원 마라톤대회 ④육아종합지원센터장 논문 대필 ⑤101경비단장 부하경찰 헬스트레이너로 이용 ⑥동산원 이사장 불법시위 동원 ⑦성균관대 대학원 교수 자녀 논문 대리 작성 ⑧금호고속 신입사원 군대식 교육 ⑨신한생명 연수원 금붕어 키우기 ⑩SBS 상품권 페이 관행… 직장갑질119를 찾은 사람들은 직장의 약자들, 비정규직, 여성, 20대가 많았습니다. '갑질러'는 사장과 관리자만이 아니었습니다. 팀장이 파견직 사원을, 정규직 대리가 계약직 여성을 괴롭혔습니다. 직장 구하기 힘들고 비정규직이 많아지면서 회사가 계급화·위계화됐고, 갑질은 더 심각해졌습니다.

　그런데 국가는 이들에게 손을 내밀지 않았습니다. 상처를 입고 찾아갔는데 고용노동부나 국가인권위원회로부터 귀찮은 사람 취급을 당해야 했습니다. 월급 28만 원을 떼인 한 대학생은 노동청에서 당한 설움을 장문의 편지로 보내왔습니다. 국가가 외면한 사람들이 직장갑질119를 찾았고, 고민을 들어주고 사연에 공감해주는 것만으로 고마워했습니다. 생생한 제보 사례는 보도자료가 되어 언론에 알려졌고, 직장갑질에 대한 사회적 공분이 높아졌습니다. 마침내 '직장 내 괴롭힘 금지법'(근로기준법, 산업안전보건법, 산업재해보상보험법에 직장 내 괴롭힘 금지에 관한 조항 신설)이 2018년 12월 27일 국회 본회의를 통과해 2019년 7월 16일부터 시행되고 있습니다.

하지만 직장 내 괴롭힘 금지법은 가해자 처벌조항이 없고, 5인 미만 사업장과 간접고용 노동자는 적용되지 않으며, 근로기준법 76조의3 조치의무(지체 없이 조사, 피해노동자 보호, 행위자 징계) 미이행 시 처벌조항이 없어 실효성이 낮습니다. 실효성을 높이기 위한 법 개정이 필요합니다.

직장갑질119를 통해 직장인들 스스로 권리를 찾아나가고 있습니다. 직장갑질119 출범 다음 날인 2017년 11월 2일 오전 11시, '적폐한림청산일송'이라는 아이디의 간호사가 카카오톡 오픈채팅방에 들어와 "한림대성심병원 계열 계십니까?"라고 물으며 동료들을 불러 모았습니다. 선정적 장기자랑, 강압적 화상회의, 청소 갑질 등을 쏟아냈습니다. 제보 149건을 모아 갑질 보고서를 만들어 국회에 보내고 고용노동부에 근로감독을 요구했습니다. 일주일 만에 네이버 밴드에 한림대성심병원 모임을 만들어 직원들을 초대했습니다. 한 달 뒤 보건의료노조 한림대의료원지부를 결성했고, 단체교섭을 통해 갑질을 없앴습니다.

2018년 1월 방송계갑질119 오픈채팅방에 아이디 '상품권 1천만원'이 들어왔습니다. SBS 〈동상이몽〉 방송 당시 6개월 치

넘는 임금을 롯데와 신세계 상품권으로 받았다는 내용이었습니다. 상품권 페이(급여) 제보를 받았습니다. 〈스타킹〉〈백종원의 3대 천왕〉에서 상품권으로 급여를 받은 작가와 인턴의 제보가 쏟아졌습니다. 언론에 보도됐고 시민들이 분노했습니다. 보름 만에 SBS가 상품권 페이를 중단한다고 발표했습니다. 누군가 "노조 만들자"라는 카톡을 올리자, "노조가입동의1" "노조가입동의2"로 이어졌습니다. 7개월 뒤 희망연대노조 방송스태프지부가 설립됐습니다.

2018년 9월에는 경기도 광주 장애인시설 동산원 직원들이 긴 내용의 전자우편을 보내왔습니다. 이사장 가족의 인권유린, 성희롱, 횡령, 임금체불, 불법집회 동원 등 심각한 갑질이 벌어지고 있었습니다. 신원을 보호하기 위해 직원들을 단체로 만났고, 방송사 기자들도 함께 만나 보도하게 했습니다. 경찰이 수사에 나섰고, 증거인멸 사실을 확인한 후 압수수색을 진행했습니다. 직원들은 공공운수노조 사회복지지부에 가입했고 체불임금을 돌려받았습니다.

노동조합을 만들기 힘든 직장인들이 온라인모임으로 뭉쳤습니다. 3,000명의 현직 어린이집 교사들이 모여 활발히 활동하는 보육교사119를 필두로 사회복지119, 콜센터119, 대학원생119, 시설관리119 등 업종별 모임이 만들어졌고, 미용사, 학원강사, 간호조무사, 정비사 등 새로운 모임을 준비하고 있습니다.

이 책은 3년 동안 직장갑질119를 통해 들어온 진짜 사례를 바탕으로 만들었습니다. 입사에서 퇴사까지 직장인들이 넘어야 할 '갑질 허들'을 10대 영역으로 세부화해 실제 사례, 구체적인 대응법, 법적 해결 방안을 담았습니다. 입사 편에서는 정규직 채용공고를 보고 입사했는데 뒤늦게 비정규직이라는 사실을 알게 된 취업사기를 시작으로 노예계약, 프리랜서, 수습기간으로 세분했습니다. 임금 편에서는 일을 했으면 돈을 받아야 하는데 포괄임금이라고 수당을 주지 않는 사례를 비롯해 임금체불, 임금차별, 최저임금으로 구분해 다뤘습니다. 입사와 임금에 이어 노동시간과 휴가, 괴롭힘, 부당지시, 조직문화, 건강·재난, 여성, 사각지대라는 갑질 난관을 넘으면 해고, 실업급여, 손해배상, 취업방해라는 '퇴사 갑질'과 맞서야 합니다. 돈 많은 부모 만나 기업이나 건물을 물려받는 '금수저'가 아니라면, 일을 하고 임금을 받으며 살아야 하는데, 학교는 월급 계산하는 법도 알려주지 않습니다. 입사에서 퇴사까지 슬기로운 직장생활을 하기 위해서는 자신의 권리가 무엇인지 알아야 합니다.

이 책의 주인공은 직장갑질119를 찾아와 용기 있게 제보해준 노동자들입니다. 당신들의 눈물과 제보가 없었다면 이 책은 세상에 나올 수 없었습니다. 이 책의 작가는 직장갑질119 스태프들입니다. 오늘도 늦은 밤까지 자판을 두드리며 랜선 너머의 눈물을 닦아주고 용기를 북돋아주는 스태프들의 헌신이 있었기에 이 책을 쓸 수 있었습니다. 아름다운 사람들의 용기와 연대가 세상을 바꿉니다.

2년 동안 〈한겨레21〉에 연재했던 사례들을 입사에서 퇴사까지 유형별로 분류하고, 유형에 없는 제보 사례를 찾고, 다시 글을 쓰느라 1년 가까이 수정을 해 이제야 세상에 내놓게 되었습니다. 뒤죽박죽 글들을 말끔하게 다듬어 빛나게 만들어준 고우리 선생님께 진심으로 고마움을 전합니다. 이 책이 꼭 필요한 사람들에게 가 닿기를 바랍니다.

2020년 6월
박점규

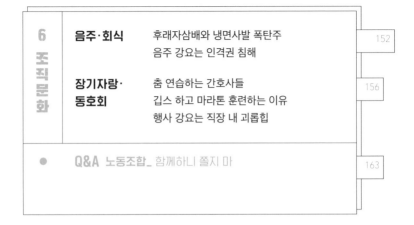

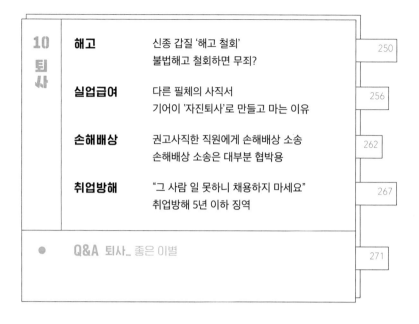
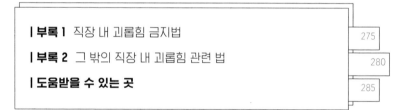

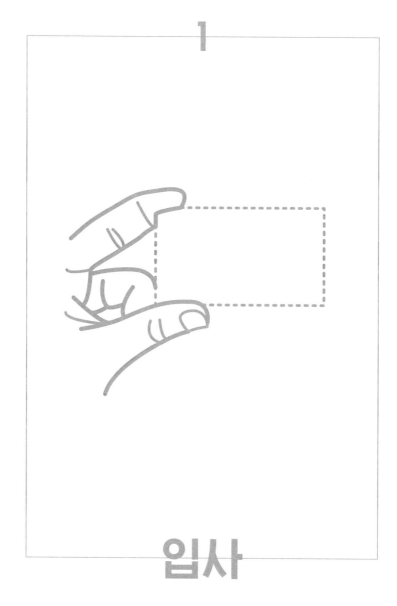

입사

취업사기

채용공고는 광고,
좋은 건 다 쓸 수 있다?

국제기구에서 일하고 싶었던 준규 씨는 채용정보 사이트 '잡코리아'에 올라온 채용공고를 보고 원서를 냈다. 비정부기구(NGO)에서 커뮤니케이션과 캠페인을 담당하는 업무였다. 전화를 걸어 공고에 나온 것처럼 정규직을 뽑느냐고 물었더니 "그렇다"라고 했다. 면접 때 인사담당자는 유럽 본사의 채용규정에 따라 1년마다 계약서를 쓰고 2년 이후에는 '오픈 엔드open end'(계약종료가 정해지지 않음)라고 했다. 대표는 준규 씨에게 본사의 방침이라 지금은 1년짜리 계약서를 쓰긴 하지만 국내법상 정규직이니 고용 걱정은 말라고 했다.

그러던 어느 날 인사본부장과 사업본부장이 바뀌었다. 사무실 분위기가 달라졌다. 강압적인 업무지시가 내려오고, 목소리가 높아졌다. 새 인사담당자는 준규 씨와 동료들에게 계약연장 논의가 시작될 것이라고 했다. 준규 씨는 입사 당시 정규직으로 채용공고를 했고 인사담당자가 정규직임을 확인해줬다고 말했지만, 새 담당자는 근로계약서를 내밀며 본인은 모르는 일이라고 했다. 근로계약서에 계약기간이 명시됐기 때문에 정규직이 아니라고 했다. 준규 씨와 동료들은 억울했다. 채용공고와 약속은 효력이 없고, 근로계약서만 법적 효력이 있다면 취업사기를 당해도 어쩔 수 없다는 건지 이해할 수 없었다.

지혜 씨는 채용정보 사이트 '사람인'에서 ㄷ회사의 채용공고를 봤다. "계약직 근무기간 6개월, 정규직 전환 가능"이라 돼 있었고, 상여금과 식비도 준다고 했다. 정규직 꿈을 갖고 출근했지만, 그의 책상은 어느 정규직 노동자의 출산휴가를 대체하는 자리였다. 6개월이 지나고 출산휴가자가 돌아오자 그는 회사에서 쫓겨났다. 정규직 전환은 애초에 거짓말이었다. 상여금과 식비도 지급되지 않았다.

지혜 씨는 인사과를 찾아갔다. 출산전후휴가 대체 자리라는 사실을 채용공고와 면접, 근로계약서에서 숨긴 것에 대해 항의했다. 인사과장은 "근로기준법상 꼭 '산휴대체'라고 기재해야 할 필요는 없다"고 했다. 그가 고용노동부에 신고하자('고용노동부'는 행정상의 명칭으로, 실제로는 각 사업장을 관할하는 지방고용노동청에 신고한다. 서울지방고용노동청, 부산지방고용노동청 등) 사장은 "공고는 일종의 광고라 좋은 것은 다 쓸 수 있는 것 아니냐?"고 오히려 되물었다.

지혜 씨가 문제를 제기하자 회사는 사람인에 등록한 채용공고를 바꿔놓았다. 그는 사람인에 거짓 구인광고를 신고하고 고용노동부에도 신고하려고 구인광고가 수정되었음을 입증할 자료를 요청했지만 사람인은 기업정보 자료를 개인에게 전달할 수 없다고 했다. 회사로서는 사기 채용공고를 올려놓고 문제가 되면 수정하면 그만이었다.

고용노동부는 "출산휴가자 대체인원을 구하는 것을 채용공고상에 명시하는 것이 구인자의 법적인 책임은 아니고, 채용공고상의 복리후생과 근무환경은 사업장의 단순한 근무환경을 서술한 것이지 근로조건을 게재한 것이 아니"라며 회사를 감쌌다.

거짓 구인광고는 처벌되는가

직장을 구하기 어려운 시절, 채용정보 사이트에 불법·과장 광고가 청년들을 현혹한다. 나쁜 일자리, 정규직으로 위장한 거짓 광고다. 세상 경험이 짧은 청년들이 덜컥 낚시에 걸려든다.

기간제 및 단시간 근로자 보호 등에 관한 법률(기간제법)에 따르면 "사용자는 2년을 초과하지 아니하는 범위 안에서 기간제(계약직) 근로자를 사용할 수 있다." 근로계약서에 기간이 명시돼 있다면 기간제 근로자이기 때문에 계약기간이 만료되면 근로관계가 종료된다. 계약기간을 정해둔 것이 형식에 불과하고, 계약이 갱신되리라는 정당한 기대권, 즉 '갱신기대권'이 있다면 회사 맘대로 갱신거절(해고)을 하지 못한다. 하지만 채용공고나 당시 인사담당자의 증언만으로 갱신기대권이 있다고 보기는 쉽지 않다.

채용공고를 보면 다음을 점검해보자. 채용공고를 저장해놓고, 회사 이름을 검색해본다. 전화를 걸어 재용공고의 내용이 사실인지 확인하고 녹음해놓는다. 채용하면서 근로계약서를 작성, 교부하지 않으면 불법이다. '나중에' 쓰자고 해놓고 쓰는 사장 없다. 위탁, 수탁, 프리랜서, 자영업자, 특수계약… 회사가 내민 계약서를 꼼꼼하게 본다. 조금이라도 이상하면 물어보고 확인한다.

직업안정법 제34조(거짓 구인광고 등 금지)는 "직업소개사업, 근로자 모집 또는 근로자 공급사업을 하는 자나 이에 종사하는 사람은 거짓 구인광고를 하거나 거짓 구인조건을 제시하여서는 아니 된다"고 명시하고 있고, 이를 어기면 5년 이하의 징역 또는 5,000만 원 이하의 벌금에 처하도록 되어 있다.

채용절차의 공정화에 관한 법률(채용절차법) 제4조(거짓 채용광고 등의 금지) ②항에는 "구인자는 정당한 사유 없이 채용광고의 내용을 구직자에게 불리하게 변경하여서는 아니 된다"고 돼 있다. 하지만 벌칙이 500만 원 이하의 과태료다. 출산휴가자가 돌아오자 부당하게 해고된 지혜 씨의 경우, 채용절차법 위반으로 회사에 과태료를 물게 할 수는 있지만, 부당해고를 인정받기는 쉽지 않은 게 현실이다. 더군다나 채용절차법은 30명 이상 사업장에 적용된다.

　　고용노동부가 직업안정법과 채용절차법 위반으로 불법광고를 일삼는 회사를 엄하게 처벌해야 한다. 채용정보 회사에도 '삼진아웃제'를 도입해 불법광고를 규제해야 한다. 정부가 운영하는 채용정보 사이트 '워크넷'부터 조사해보자. 일자리 사기, 불법 채용광고는 상품 사기광고보다 죄질이 훨씬 나쁘지 않은가.

노예계약

택배기사 노비문서

[벼룩시장 구인구직]

㈜신세계물류: [월급제] 택배 배송사원 모집(차량지원/월 350만 원 이상 가능) ㈜신세계물류 사업내용 롯데택배 직영

집이 멀어 '쿠팡' 배송기사를 그만둔 성민 씨는 인터넷을 뒤지다 '롯데택배' 광고를 봤다. '알바천국'에도 같은 구인광고가 올라와 있었다. 쿠팡에서 함께 일했던 동료와 면접을 보러 갔다.

팀장은 한 달에 3,600개 정도 배달하면 월 270만 원 넘게 받을 수 있고, 별도로 유류비(기름값) 20만 원을 준다고 했다. 첫 두 달은 배달 개수와 관계없이 월 250만 원을 주겠다고 했다. 전임자를 따라 2박3일 일을 배운 후 정식으로 일을 하겠다고 했더니 계약서를 내밀었다. 무슨 문서냐고 묻자 "너희는 봐도 모르는 내용"이라며 월급을 받으려면 일단 서명하라고 했다. 일을 하고 싶어 서명했다. 롯데택배 서울 성북지역을 담당하는 신세계물류에는 회사 차량으로 운행하는 정규직 기사 5명, 본인 차량으로 배달하는 도급(위탁) 기사 35명이 일했고, 일용직 기사도 30명 넘게 있었다.

아침 6시 50분 대리점으로 출근한다. 물류차가 쏟아낸 택배

화물이 레일을 따라 돌고 있다. 공항에서 짐을 찾듯 그의 담당구역인 상월곡동 물건을 들어 쌓아놓는다. 분류가 끝나는 오전 11시 산더미처럼 쌓여 있는 배송할 물건들을 트럭에 싣고, 고객들에게 전화를 걸고 배송을 시작한다.

신입에게 배정된 지역은 난독주택이 70퍼센트라 배달이 힘든 곳이다. 일찍 끝나면 저녁 8시, 물건이 많은 날은 밤 11시에 마친다. 트럭을 대리점에 주차하고, 반품받은 물건을 차에 실어놓고 퇴근한다. 배달은 토요일까지 이어졌고, 일요일에 출근해 배송한 적도 있었다. 그는 "두 달 동안 물량이 비교적 적은 월요일을 빼고 점심을 먹은 날이 하루도 없었다"고 했다.

물건이 많아 1톤트럭에 다 싣기 어려웠다. 팀장은 어떻게든 실으라고 했다. 물건을 남겨놓고 가면 퀵서비스로 보내고, 물건 한 개당 1만 5,000원을 물어내라고 했다. 1분만 지각해도 5만 원, 차량사고는 건당 100만 원을 내야 한다고 했다. 한 직원은 사고 비용을 보험으로 처리해 월 30만 원씩 분할해 내고 있었다. 다른 직원은 트럭 상단이 찌그러졌는데, 100만 원을 물까봐 본인 돈 50만 원을 들여 고쳤다고 했다.

한 달 일한 월급이 찍혔다. 138만 원. 250만 원을 주기로 하지 않았냐고 했더니 팀장은 자기도 모르겠다며 책임을 위로 떠넘겼다. 기름값도 30만 원 넘게 들었다. 도저히 먹고살 수가 없어 그만두겠다고 했다. 사직서를 제출했다. 팀장은 그가 서명한

계약서를 들먹이며 90일 동안은 다쳐도, 어떠한 일이 있어도 나갈 수 없다, 나가면 하루 15만 원씩 물어내야 한다고 했다.

그가 서명한 '집배송 위수탁 용역계약서'를 살펴봤다. 제8조 "'을'의 임의로 기간을 정하여 통보 시 계약기간 만료(90일) 내 용차 및 퀵처리를 할 수 있으며, 그 비용에 대해서는 '을'의 운송수수료에서 차감 후 지급한다"는 내용이 적혀 있었다. 그는 그냥 협박하는 것이라고 생각했다. 수차례 팀장에게 사직 의사를 밝혔고, 문자메시지를 보내고 출근하지 않았다.

회사에 전화를 걸어 급여 270만 원을 달라고 했더니, 며칠 뒤 내용증명이 집으로 날아왔다. "수신인은 계약기간 내 집배송 업무를 성실히 이행하여야 하나 무단결근(퇴사)을 하여 막대한 손해와 업무에 지장을 초래하였다"며, 출근하지 않은 날수에 15만 원씩을 곱해 총 1,095만 원을 물어내라고 했다.

> "저와 같은 직원이 4명 더 있는데, 회사가 계약서를 들이밀며 협박해서 퇴사도 못하는 상황입니다. 식사는 하루 한 끼 먹기도 힘들었습니다. 아침 6시에 출근해 매일 밤 10시까지 일했습니다. 이건 진짜 현대판 노예계약입니다. 이러고도 계약서 때문에 급여도 못 받고 되레 회사에 돈을 내야 하는 상황이니, 이거야말로 적반하장 아닙니까? 고용노동부 관할인지, 공정거래위원회 관할인지, 이건 대체 어디서 도움을 받아야 할까요?"

불공정거래행위로 제소하라

구직자는 사용자가 내미는 계약서에 부당한 내용이 있는지 꼼꼼히 살펴봐야 한다. '근로계약서'가 아닌 '도급(위탁)계약서'일 경우 근로기준법의 적용을 받지 못할 수 있다. 성민 씨가 서명한 '집배송 위수탁 용역계약서'는 형식상 '도급(위탁)계약서'에 해당하지만, 법원은 △택배 차량의 실질적 소유권 △회사의 구체적인 지휘 감독 여부 △출근 시 지각에 따른 제재가 있었는지 등을 고려해 근로계약인지 도급(위탁)계약인지를 판단한다. 성민 씨는 회사의 차량으로 회사의 지휘·감독 아래 일했기 때문에 근로계약에 해당하며, 따라서 근로기준법 적용을 받아야 한다고 주장했다. 그는 고용노동부에 체불임금을 지급하라는 진정서를 냈다.

설령 고용노동부에서 근로계약으로 인정받지 못했더라도 "우월한 지위에 있는 사업자가 그 지위를 이용해 자기는 부당한 이득을 얻고 상대방에게는 과도한 반대급부 또는 기타의 부당한 부담을 지우는 것으로 평가할 수 있는 경우에는 선량한 풍속, 기타 사회질서에 위반"한 법률행위로서 무효라는 대법원 판례(2017년 9월 7일 선고, 2017다229048 판결)에 따라 공정거래위원회에 '불공정거래행위'로 제소할 수 있다.

그런데 전국 5만 명의 택배기사 중 이런 판례를 알고 있는 노동자가 몇이나 될까? 고용노동부와 공정거래위원회가 '택배기사 노예계약'에 관심을 가졌다면, 2020년에 조선시대 노비문서가 가당키나 했을까?

프
리
랜
서

프리랜서 계약서를 썼다면
프리랜서일까?

혜진 씨는 손·발톱을 정리하고 꾸미는 네일리스트다. 제법 규모가 큰 매장의 구인광고를 보고 찾아갔다. 근로계약서에는 △계약기간의 정함이 없는 정규직 △3개월 수습기간 급여 90퍼센트 지급 △유급휴일(근로자의 날, 주휴일, 연차휴가) △1년 이상 근속 퇴직금 지급 등이 담겼다. 근로기준법에 위반되는 내용이 없는 것 같아 근로계약을 체결했다.

일은 힘들었지만 나름대로 보람이 있었다. 동료들과도 잘 지냈고, 단골손님도 많이 생겼다. 그런데 월급이 제때 나오지 않았다. 하루 9시간 근무, 1시간 휴식, 월 8일 휴무 약속도 지켜지지 않았다. 최저임금과 주휴수당도 지급되지 않았다. 직원들 사이에 불만이 나오기 시작했다.

6개월이 지났을 때였다. 갑자기 회사에서 새로운 계약서를 내밀었다.

제3조 [계약주체의 지위와 역할]

1. '갑'과 '을'은 독립적인 사업주체로서 자유로운 의사에 따라 본 계약을 체결하고, 대등적 지위에서 계약내용에 따른 이행을 하며, 그

이행에 대한 계약상 책임을 부담하는 자임을 상호 확인한다.

2. '갑'은 '을'에게 위탁업무 수행에 필요한 브랜드, 장소 및 이에 소요되는 부대장비 등을 제공하여 '을'이 위탁업무를 수행하는 데 지장을 초래하지 않도록 하고, '을'은 '갑'에게 위탁받은 업무를 신의에 따라 성실하게 수행히여 '갑'의 사업에 지장을 초래하지 않두록 한다.

위탁업무는 '시술 서비스'와 '판매 서비스'였고, 위탁기간은 3개월이었다. 시술 및 판매 서비스에 대한 위탁수수료는 네일리스트의 등급에 따라 9단계로 나뉘어 있었다. '을'은 수수료에서 원천징수 3.3퍼센트(사업소득세 및 주민세)를 내야 했다. 혜진 씨는 계약서의 내용이 무슨 말인지 이해하기 어려웠다. 무엇보다 손해배상 조항의 내용이 이상했다.

제12조 [손해배상]

2. '을'이 '갑'에게 사전 통보 없이 무단으로 계약종료 또는 서비스 제공을 중단한 경우에는 계약종료 또는 서비스 중단 직전 3개월간의 수수료를 위약벌로 약정하고, 실제 발생한 손해에 대한 배상책임은 별도로 부담한다.

3. '을'은 고의 또는 과실에 의하여 전조에 정하는 시설 등을 훼손시켰을 때에는 이에 대한 전액 배상책임을 진다.

4. 본 위탁업무 처리에 관하여 발생한 손해(제3자에 미치는 손해를 포

힘는 모두 '을'이 부담하고, '갑'은 그 책임을 지지 않는다.

5. 본 계약의 제7조 위반 및 계약종료 전후 불문 '을'은 '갑'의 지적재산권 및 고객정보 등 영업상 비밀을 제3자에게 유출하거나 '을'의 사익을 위해 사용해서는 안 되며, 이를 위반할 시 '갑'에게 1,000만 원을 위약벌로 약정하며, 이외에 실제 발생한 손해는 별도로 배상한다.

회사에서는 새 계약서에 대해 설명을 하지도 않았다. 직원들 근무가 태만해 실적 위주로 월급제도를 바꾼다고 했다. 동료들과 함께 혜진 씨는 계약서에 서명했다. 열심히 일하면 월급을 더 주는 계약서라고 생각했고, '프리랜서 계약서'인지 몰랐다.

계약서에 서명한 후에도 출퇴근시간, 휴무시간, 휴게시간 모두 전과 똑같았다. 예전과 같이 출퇴근 프로그램에 입력했다. 5개월쯤 지났을 때였다. 출퇴근 프로그램 입력은 정규직과 아르바이트만 해당사항이 있다는 공지가 떴다. 팀장에게 물어봤더니, 출퇴근 입력을 하지 않아도 되지만, 오픈과 마감 시간을 지키지 않으면 페널티가 있다고 했다. 달라진 게 또 있었다. 월급이 들쭉날쭉했고, 예전에 비해 20~30퍼센트 줄어들었다. 동료들이 하나둘 떠나기 시작했고, 혜진 씨도 회사와 합의해 그만뒀다. 그런데 아무리 생각해도 혜진 씨는 프리랜서처럼 일한 적이 없는 것 같았다.

어디까지가 노동자인가

프리랜서 계약서를 썼다면 프리랜서일까? 혜진 씨는 회사의 지시에 따라 매일 정시에 출근해 일을 시작했고, 손님이 많으면 야근을 해야 했다. 프리랜서 계약서를 작성했지만 계약서는 형식에 불과하고, 근로계약서를 썼을 때와 동일한 출퇴근 관리, 업무 지시 등을 받았다면 실질적인 근로계약이 된다. 퇴직금을 받을 수 있고, 받지 못한 주휴수당, 연장근무수당 등도 받을 수 있다.

택배기사, 배달기사, 미용사, 방송작가, 학원강사, 학습지교사 등 한국의 특수고용노동자들은 자영업자(개인사업자)로 위장된 경우가 많다. 이들이 자영업자가 아니라 근로기준법상 근로자로 인정받는다면, 일을 그만두려 할 때 월급의 3배가 넘는 위약금을 청구하는 등 근로자의 자유의사를 억압하여 근로를 강요하는 것은 근로기준법 제20조(위약 예정의 금지), 근로기준법 제7조(강제 근로의 금지)에도 위반된다. 오히려 근로기준법 제43조(임금 지급) 제1항, 제37조(미지급 임금에 대한 지연이자) 제1항에 따라 업체에 대해 미지급 임금 및 연체 이자를 청구할 수 있고, 고용노동부에 체불임금 진정을 통해 시간외 수당, 퇴직금 등 근로기준법에 정해진 권리를 구제받을 수 있다.

대법원은 사용자(사업주)가 근로자에게 구체적이고 개별적인 지휘·감독을 하지 않았더라도, 상당한 지시를 했다면 사용자로 인정될 수 있다고 보고 있다. 또 근로자와 사용자의 구별에 대해 △독립하여 자신의 계산으로 사업을 영위할 수 있는지 △ 노무 제공을 통한 이윤의 창출과 손실의 초래 등 위험을 스스로 안고 있는지를 기준으로 판단한다. 계약의 형식, 기본급, 근로소득세, 4대 보험, 취업규칙 등은 사용자가 경제적으로 우월한 지위를 이용해 임의로 정할 여지가 크기 때문에, 근로자인지 아닌지를 판단할 때 부차적인 요소로 취급하고 있다. 따라서 혜진 씨는 대법원 판례에 따르면 근로자가 확실하다.

최근 근로 형태가 다양해짐에 따라 각국에서 프리랜서의 기준이 새로이 정립되고 있다. 미국, 유럽, 호주 등 전 세계에서 일하는 '우버' 택시 기사들은 회사에 수익금의 25~30퍼센트에 달하는 수수료를 내고 관리·감독을 받는 등 사실상 근로자인데도 노동법 적용을 받지 못했다. 2020년부터 적용되는 미국의 새 노동법 AB5(독립계약자 조건 강화 법안)는 'ABC 테스트'라는 세 가지 조건을 통과해야만 독립계약자(프리랜서)로 인정되고, 그렇지 않으면 최저임금, 초과근무수당, 건강보험, 유급휴가 등을 모두 지급해야 하는 직원으로 고용해야 한다.

ABC 테스트는 ①업무가 그 기업의 통상적인 영업과 관련이 없는 것이어야 하고 ②업무를 수행하는 동안 사업주의 통제나 지시를 받지 않으며 ③별도의 독립된 사업·직업을 가진다는 세 가지 요건을 모두 충족해야 프리랜서로 본다. 회사가 세 가지 모두를 입증하지 못하면 노동법을 적용한다.

프랑스 대법원은 2020년 3월 "기사가 우버 디지털 플랫폼에 접속할 때 종속관계가 기사와 회사 간 성립된다. 따라서 기사는 자영업자가 아니라 근로자로서 서비스를 제공하는 것"이라고 판결했다. 대법원은 우버 기사가 자영업자로 분류되려면 ① 스스로 자신의 고객층을 만들 수 있고 ②요금을 직접 정할 수 있고 ③업무수행 방식을 선택할 수 있다는 세 가지 요건을 모두 충족해야 한다고 봤다.

미국 노동법과 프랑스 대법원 판결대로라면 한국의 220만 특수고용노동자 중 진짜 프리랜서는 10분의 1이나 될까?

프리랜서 감별을 위한 20문

계약의 형식

1. 근로계약서를 썼거나 근로소득세를 원천징수하나요?

①예　　　　②아니요

2. 회사에 있는 취업규칙이나 인사규정을 적용받나요?

①예　　　　②아니요

3. 임금이 시급제, 월급제 등으로 정해져 있나요?

①예　　　　②아니요

4. 기본급이 정해져 있나요?

①예　　　　②아니요

5. 고용보험에 가입했나요?

①예　　　　②아니요

계약의 실질

6. 업무의 내용을 사용자(회사 소속 직원인 상급자 포함, 이하 동일)

가 정하나요?

①예　　　　　②아니요

7. 회사가 만든 그대로 따라야 하는 업무매뉴얼, 지침 같은 것이 있나요?

①예　　　　　②아니요

8. 회사 전산시스템 등을 통해 업무지시 및 보고가 이루어지나요?

①예　　　　　②아니요

9. 출퇴근시간이 정해져 있나요?

①예　　　　　②아니요

10. 출퇴근시간 조정, 결근, 조퇴, 휴가 사용 등에 대해 사용자에게 보고하고, 허락을 받아야 하나요?

①예　　　　　②아니요

11. 출근해서 일해야 하는 근무장소가 정해져 있거나, 사용자가 정하는 장소에 나가서 근무하고 있나요?

①예　　　　　②아니요

12. 업무수행 장소(근무장소)를 본인이 원하는 장소(집, 카페 등)로 할 수 없나요?

①예　　　　　②아니요

13. 사용자의 업무지시를 이행하지 못했다거나 출퇴근시간 관련 근태 문제가 있다는 이유로 사용자에게 지적을 받곤 하나요?

①예   ②아니요

14. 사용자가 업무나 근태 문제 등을 지적하고 경고를 하거나, 임금이나 근로조건 등에서 불이익 조치를 취한 적이 있나요?

①예   ②아니요

15. 본인이 담당하는 업무 또는 그와 유사한 업무를 담당하는 회사 소속 직원이 있나요?

①예   ②아니요

16. 본인이 수행하기로 정해진 업무 외에도 회사에서 시키는 여러 부수 업무(서류 수발, 정규직 업무 공백 보완, 행정업무, 기타 자잘한 업무 등)를 함께 수행하고 있나요?

①예   ②아니요

17. 다른 경쟁업체 업무는 할 수 없게 금지하고 있나요?

①예   ②아니요

18. 자신이 맡은 업무를 대신할 사람을 (본인이) 고용해서 일을 시키는 것은 불가능한가요?

①예   ②아니요

19. 추가근무나 야간근무에 대해 별도의 임금이 지급되나요?

①예   ②아니요

20. 현 사용자에게 전속되어 있기 때문에, 동시에 다른 업체에 노무를 제공하고 수익을 올리는 건 불가능한가요?

①예   ②아니요

❶ '계약의 형식' 질문에서 '①예' 응답이 1~2개 이상, '계약의 실질' 질문에서 '①예' 응답이 10개 이상 나왔다면 프리랜서가 아닌 근로자일 가능성이 매우 높다.

❷ '계약의 형식' 질문에서 '①예' 응답이 없다고 해도, '계약의 실질' 질문에서 '①예'가 10개 이상 나왔다면 근로자성 여부를 다퉈볼 수 있다.

수습기간

정규직 발령 나는 날

천호 씨는 군대에서 장교로 10년 근무하고 사회로 나왔다. 잡코리아에서 장교 출신을 우대한다는 민간 연구원 채용공고를 보고 지원서를 냈다. 3개월 수습기간이 있고, 식대와 퇴직금까지 포함한 연봉은 최저임금 수준이었다. 대신 정규직이고 사무 관리 업무였다. 천호 씨는 중소기업의 발전을 위한 연구소 설립과 연구활동을 지원하는 업무가 마음에 들어 근로계약서에 서명했다.

입사한 지 일주일 무렵 대표가 천호 씨를 불렀다. 한 시간 동안 앉혀놓고 관리부 직원들 '뒷담화'를 했다. 젊은 남자니까 노처녀를 조심하라고 했다. 여직원들과 어떤 얘기를 나누었는지 꼬치꼬치 캐물었고, 친하게 지내지 말라고 했다.

그런데 그날만이 아니었다. 날마다 오후 한 시간씩 불러 다른 직원들 욕을 했다. 다른 직원들도 호출해 비슷한 질문을 하고 직원 험담을 한다고 했다. 그런 자리가 불편했지만 평소에 대표가 소리를 지르고 강압적인 태도를 보여 천호 씨는 아무 말도 못하고 동료들 욕하는 얘기를 들어야만 했다. 동료들과 잘 지내고 싶어 퇴근 후 차 한 잔 함께 마시는 것도 대표 눈을 피해 몰래 했다.

대표는 영업부와 관리부를 차별했다. 월급날만 되면 소리를 지르고 책상을 치면서, 관리부 직원에게 주는 월급이 아깝다고 했다. 직원들을 거명하며 일을 잘하느냐, 얼마나 하느냐고 했고, 개나 소나 할 수 있는 일이라고 모욕했다. 야근수당을 주지 않으려고 퇴근을 강요해 밀린 업무를 집에 가져가서 하는 직원도 있었다.

수습기간 3개월이 지나고 정규직으로 발령 나는 날이었다. 대표의 괴롭힘이 힘들었지만, 정규직이 되면 월급도 오르고 대우도 좀 나아질 것이라고 생각했다. 그런데 대표는 수습기간이 지나자 근로계약서와 다른 부서로 발령을 냈다. 천호 씨 자리는 사무실 입구였고, 칸막이도 없었다. 문을 열고 들어오면 누구든 천호 씨 컴퓨터를 볼 수 있었다. 바탕화면 아이콘은 '내 컴퓨터'와 '휴지통' 딱 두 개뿐이었고 한글, 엑셀 등 업무에 필요한 프로그램이 깔려 있지 않았다. 명백한 직장 내 괴롭힘이었지만 대표를 신고할 수 없었다.

천호 씨는 근로계약서와 다른 부당한 인사발령이라고 문제를 제기했다. 그런데 대표는 천호 씨를 피해망상에 빠진 사람이라고 몰아세웠다. 다른 부서에 있는 상사를 통해 반성문을 쓰라고 지시했다. 잘못한 일이 없었던 그는 반성문 쓰는 것을 거부했다. 대표는 다른 직원을 보내 권고사직을 요구했고 천호 씨는 거부했다. 한 시간도 지나지 않아 회사는 해고통지서를 보냈다. 해고사유는 '직장 분위기 훼손'이었다. 그는 노동위원회에 부당해고 구제신청을 했다.

수습기간은 채용 유예기간이 아니다

수습기간은 노동자를 채용할지 말지 결정을 유예한 기간이 아니다. 일단 채용은 했고, 곧바로 업무에 투입할 수 없으니 교육과 업무를 병행하는 것이 수습기간의 취지다. 따라서 정규직 노동자와 마찬가지로 사용자는 마음대로 해고할 수 없다. 정당한 사유가 있어야만 해고가 인정되기 때문에 노동위원회에 부당해고 구제신청을 하는 것도 가능하다. 다만 수습기간은 업무 적격성 등을 평가하기 위한 기간이기도 하기 때문에 법원은 보통의 해고보다 넓게 해고의 정당성을 인정하고 있다.

그렇다면 수습기간은 얼마나 둘 수 있을까? 근로기준법에 수습기간을 얼마나 둘 수 있는지 정해져 있지 않다. 다만 1년 이상 근로계약을 체결했고 월급이 최저임금이라면, 수습기간 동안 최저임금의 10퍼센트를 감액할 수 있고, 기간은 3개월을 초과할 수 없다.

많은 회사들이 수습기간엔 아무 때나 자를 수 있다고 생각한다. 일단 채용해놓고 마음에 들지 않는다고 무시하고 모욕주고 괴롭혀서 내보낸다. 회사에게도, 노동자에게도 도움이 되지 않는 일이다. 서류 심사와 면접 과정에서 적합한 업무능력이 있는지를 꼼꼼히 따지고 채용해야 한다. 채용에 대한 책임은 사용자가 져야 한다.

Q&A | 근로계약서
금수저가 아니라면

△

　취업사기, 노예계약, 채용 취소, 수습기간 해고 등 취업준비생을 울리는 갑질이 넘쳐난다. 돈 많은 부모 만나 기업이나 건물을 물려받는 금수저가 아니라면, 평생 노동력을 팔아 임금을 받으며 살아야 하는데, 학교는 월급 계산하는 법도, 노동자에게 어떤 권리가 있는지도 자세히 알려주지 않는다. 스스로 알아보고 스스로를 보호해야 한다. 오늘 일하러 가기 전, 우리의 권리가 무엇인지 점검해보자.

1. 근로계약서를 작성하지 않거나 교부하지 않은 경우 어떻게 해야 하나?

　근로계약서는 임금, 근로시간, 근무장소, 근무내용 등 일에 대한 기본사항을 명시하는 것이기 때문에 꼭 작성하고 당사자

간 서명·날인한 후 한 부를 교부받아야 한다. 근로계약서를 주지 않으면 고용노동부에 근로기준법 제17조(근로조건의 명시) 위반으로 진정을 넣을 수 있다. 사용자가 시정지시를 이행하지 않으면 500만 원 이하의 벌금이 부과될 수 있다.

2. 근로조건이 바뀌면 근로계약서를 다시 작성해야 하나?

근로조건이 바뀌면 반드시 근로계약서를 다시 작성하고 교부받아야 한다. 구두로 임금인상을 약속하고 새로운 근로계약서를 작성하지 않은 상태에서 사용자가 인상된 임금을 지급하지 않는다면, 미지급임금이 있다는 사실을 입증하기 어렵다.

3. 사용자가 근로계약을 일방적으로 불리하게 변경한다면?

근로계약 내용을 노동자에게 불리하게 변경하려면 원칙적으로 노동자의 동의를 받아야 한다. 동의를 받지 않고 일방적으로 근로계약 내용을 변경하면 효력이 없다. 계약 내용이 불리하게 변경되어 임금이 줄어들었다면 차액 임금을 지급하라고 고용노동부에 진정을 하면 된다.

4. 근로기준법보다 낮은 조건으로 근로계약을 체결했다면?

근로기준법은 최소한의 법적 조건이기 때문에 법보다 낮은 근로조건은 그 부분에 한해 무효가 되고, 근로기준법에 따라 적용된다.

5. 근로계약서와 취업규칙의 내용이 다르면 어떤 게 적용되나?

근로계약서든 취업규칙이든 노동자에게 더 유리한 근로조
건이 정해진 규정이 적용된다.

임금

포괄임금

무한야근의 대가

스타트업 회사에 대한 기대가 적지 않았다. 선희 씨는 혁신적 기술과 아이디어를 가진 인터넷회사에서 꿈을 펼쳐보고 싶었다. 수직적이고 권위적인 기업문화가 아닌 수평적이고 평등한 직장문화가 뿌리내린 회사, 창의성과 열정이 발휘되는 회사를 기대하며 일을 시작했다.

회사 분위기가 심상치 않았다. 30명 넘는 직원 중 정시에 집에 가는 사람이 없었다. 아침 9시에 시작해 빨리 끝나면 밤 12시, 늦으면 다음 날 새벽 3시였다. 퇴근해 서너 시간 눈을 붙이고 다시 오전에 출근해야 했다. 주말에도 불려 나갔다. 수당은 한 푼도 주지 않았다. 날마다 계속되는 야근에 대해 임원들은 "제시간에 퇴근 못하는 건 너희가 능력이 없어서"라고 말했다.

주말 출근으로 약속받은 대체휴가도 감쪽같이 사라졌다. 회사는 주어진 연차를 소진해야 한다며 직원들에게 연차사용계획서를 내밀고 서명을 받아갔지만, 그 날짜에는 연차를 쓸 수 없었다. '연차휴가 사용촉진제도'를 악용하는 방법. 그렇게 연차도 없어지고, 연차수당도 사라졌다.

더 심각한 일이 벌어졌다. 회사는 선희 씨가 속한 팀이 성과가 없다는 이유로 팀원 모두 연봉을 30퍼센트 깎겠다고 했다.

대표가 직접 바뀐 근로계약서를 내밀고 사인하라고 말했다. 선희 씨는 "무한야근을 시키는데 수당도 없고 연봉을 마음대로 삭감하고, 스타트업 회사가 갑질의 끝을 달리고 있다"고 토로했다.

민경 씨는 디자인에이전시에 입사했나. 오전 9시 30분 출근, 저녁 6시 30분 퇴근이었다. 연봉 2,000만 원을 받기로 하고 근로계약서에 서명했다. 그런데 야근이 장난이 아니었다. 밤 12시, 새벽 2시, 심지어 새벽 4시까지 일을 시켰다. 새벽에 퇴근해도 오전 11시까지는 반드시 출근해야 했고, 일이 바쁘면 정시 출근을 했다.

사장은 포괄임금제라고 명시한 근로계약서에 서명했기 때문에 연봉에 연장수당이나 야근수당이 모두 포함된다고 했다. 민경 씨는 뭔가 잘못됐다고 생각했다. 자신이 근무한 시간표를 엑셀에 작성하고, 교통카드 사용명세 등 증거를 모았다.

민경 씨는 7월 1주 43시간 17분, 2주 46시간, 3주 59시간, 4주 72시간을 근무했다. 11월까지 5개월 22주 동안 딱 한 주만 빼고 모두 주 40시간을 초과한 연장근로를 했다. 법이 허용하는 한계인 주 52시간(법정근로시간 40시간+연장근로시간 12시간)을 넘긴 주가 9주나 됐다. 5개월 동안 연장근로시간은 261시간 49분이었다. 근로기준법 제53조(연장 근로의 제한) 위반이었지만, 사장은 포괄임금제이기 때문에 최저임금 이상만 지급하면 불법이 아니라고 했다.

민경 씨는 "정말 21세기에 이런 운영이 가능한가 싶을 정도로 너무 심하네요. 지금 제가 이렇게 근무하고 못 받은 야근비를 모두 받을 수 있을까요?"라고 물으며 근태기록 파일을 보냈다.

초과근로수당 안 주면 불법

포괄임금제는 근로계약 체결 시 연장·야간·휴일근로 등을 미리 정하여 예정된 수당을 지급하는 방식을 말한다. 즉 실제 근로시간을 따지지 않고 기본임금에 모든 종류의 수당을 포함해 지급하는 방식이다. 연·월차수당의 경우는 휴식을 보장하는 근로기준법 취지에 따라 포괄임금과 별도로 지급해야 한다.

그렇다면 민경 씨네 회사 사장의 말대로 포괄임금제니까 최저임금 이상만 지급하면 불법이 아닐까? 민경 씨는 고용노동부를 찾았다.

대법원은 하루 8시간을 초과해 연장·야간·휴일근무를 한 경우 포괄임금제라고 합의했더라도 무효이고, 수당을 지급하라고 판결했다(2010년 5월 13일 선고 2008다6052 판결). 노동시간 산정이 어려운 감시 업무나 대기 업무(감시·단속적 근로, 경비원, 청원경찰, 시설관리 대기자, 수행운전기사, 당직대체요원 등)가 아닌 한 포괄임금제는 무효다. 회사가 포괄임금제라며 야근수당을 주지 않거나, 야근시간 계산을 하지 않고 매달 정해진 금액을 주는 것도 무효다.

우리나라 기업 설반이 포괄임금제를 도입하고 있는데, 상당수 기업이 불법으로 운영해 문제가 심각하다. 정부는 오·남용 방지를 위한 '포괄임금제 지도 지침'을 내놓겠다고 해놓고 감감무소식이다. 사용자에게 유리한 최저임금 산입 범위 확대와 탄력근로제는 신속하게 추진하고, 직장인들이 고통을 호소하는 포괄임금제는 노·사·정 논의로 넘겨 불법을 방치한다. 직장인들이 갑질의 주범이 바로 고용노동부라고 비난하는 이유다.

임금체불

받지 못한 기본급 4,552만 원

수민 씨는 사람을 상대하는 일이 좋았다. 최신 전자제품을 다루는 일도 능숙했다. 2012년부터 'SK텔레콤' 공식 인증 대리점에서 일했다. 스마트폰, 인터넷전화, IPTV(인터넷 텔레비전), 유·무선 인터넷과 DMB(디지털 모바일 방송) 서비스 판매 업무를 했다.

오전 9시 30분 출근해 저녁 8시 30분 퇴근하며 하루 11시간 일했다. 토요일과 공휴일에는 오전 10시에서 저녁 8시까지 일했다. 쉬는 날은 일요일과 설과 추석 각각 하루뿐이고, 연차휴가는 여름휴가 기간에 4일만 쓸 수 있었다. 힘들었지만 통신사 간 경쟁이 치열하기 때문에 어쩔 수 없다고 생각했다.

그런데 월급 통장에 찍힌 돈이 이상했다. 2012년도 최저임금(4,580원)으로 계산하면 기본급이 155만 원인데, 그의 통장엔 105만 원이 들어왔다. 2013년 110만 원, 2014년 120만 원, 2015년에도 120만 원이었다. 법정 최저임금보다 50만~70만 원이 적은 기본급을 받았다. 문제를 제기하자, 회사는 판매 인센티브를 포함하면 최저임금 이상이기 때문에 아무 문제가 없다고 했다. 하지만 판매 인센티브는 회사가 일방적으로 정한 기준을 넘어야 받을 수 있었고, 기준에 이르지 못하면 급여가 삭감됐다.

집안에 일이 생겨 연차를 쓰겠다고 했더니 사장의 사촌인

이사는 "회사생활 어렵게 해줄까? 월급삭감 당하게 해줘?" 하며 연차를 못 쓰게 했다. 쓰지 못한 연차에 대한 수당도 지급되지 않았다. 매년 잔여 연차가 11~13일이나 됐다. 해마다 40만~70만 원 되는 연차수당을 한 푼도 받지 못했다.

2018년 최저임금이 많이 올랐다. 사장은 2017년 기본급 150만 원에서 2018년에는 50만 원을 올려 200만 원을 지급했다. 수민 씨와 동료들은 그제야 회사가 그동안 최저임금을 지키지 않았다는 사실을 깨달았다. 얼마나 돈을 떼였는지 계산해봤다. 그가 입사한 2012년 1월부터 2018년 3월까지 최저시급 기준으로 받지 못한 기본급이 무려 4,552만 원이었다. 6년 3개월 동안 지급하지 않은 연차수당도 312만 원이었다. 그와 동료들은 회사에 미지급임금을 달라고 요구했다. 그러자 사장이 말했다.

"회사가 나한테 부당한 대우를 하고 내가 부당한 처사를 받는다고 생각하면 우리가 어떻게 할 수가 없어. 그런 생각 있으신 분은 나한테 입장을 얘기해줘. 난 정리할 생각이야. 내가 죽어라고 고생해서 회사만 먹여 살리고 사장님만 배불리고 나는 쫄쫄 굶네 뭐 하네 그런 생각을 갖고 있으면 더는 일할 필요가 없다는 거야."

수민 씨와 동료들은 압박을 견디지 못하고 회사를 그만둬야 했다.

떼인 월급 6년 중 3년 치만 인정?

수민 씨와 동료들은 고용노동부에 ①연장·휴일근무 수당 미지급 ②미사용 연차수당 미지급 ③법률에 따른 퇴지금 미지급 ④근로자 협약 없이 연장·휴일 강제 근로 ⑤근로자 협약 없이 임금삭감 ⑥근로계약서 미작성 ⑦근로자 협약 없이 주 52시간 근로시간 초과 ⑧휴게시간 미준수 등으로 진정서를 제출했다. 수민 씨와 동료들이 제기한 진정이 모두 인정됐다.

체불임금 사업주 확인서에 따르면 피고 회사가 지급해야 할 의무가 있는 임금과 퇴직금의 총액은 2억 2,700만 원이었다. 수민 씨와 동료들이 6년 3개월을 일하는 동안 받지 못한 금액이었다. 하지만 수민 씨는 억울했다. 근로기준법 제49조(임금의 시효)에 따라 "임금채권은 3년간 행사하지 않으면 시효로 소멸한다." 퇴직금 또한 마찬가지다. 6년 넘게 일했는데 돌려받을 수 있는 임금채권이 3년 치라는 사실에 화가 났다.

"임금의 시효가 3년이라는 근로감독관님의 말씀에 허탈감과 무기력함을 감출 수가 없습니다. 근로에 대한 어떠한 보상도 받지 못하고 잃어버린 3년이 너무 힘듭니다."

문재인 정부는 체불임금 근절을 위한 제도 개선 방안으로 ①체불 피해 근로자가 체불임금 외 동일한 금액(100퍼센트)의 부가금을 받을 수 있도록 부가금제도 도입 ②고액·상습 체불 사업주에 대한 처벌 강화 ③임금채권 소멸 시효(3년→5년) 연장을 공약했다. 대통령의 약속이 지켜졌다면 6년여간 5명에 대해 5억 원 넘는 임금을 떼먹은 악덕 사업주는 감옥에 가고, 수민 씨와 동료들은 5년 치 체불임금을 돌려받았을 것이다. 함부로 남의 돈을 떼먹는 '월급 도둑'도 줄어들었을 것이다.

임금차별

같은 노동 다른 임금

대학생 성훈 씨는 겨울방학 아르바이트를 찾았다. 채용정보 사이트에서 'ㅁ솔루션'이라는 회사의 밴딩(묶거나 포장하는 작업) 아르바이트 채용공고를 봤다. 아침 8시 30분부터 밤 9시까지 일하면 일당 10만 원을 준다고 했다. 방학 아르바이트로 괜찮을 것 같았다.

ㅁ솔루션에 전화를 걸었다. 출근해야 할 회사의 주소를 알려줬다. 서울 금천구 가산동에 있는 '교학사' 공장이었다. 교육청에서 새 학기 교과서를 발주받아 제본·생산하는 일이었다. 성훈 씨를 채용한 곳은 파견회사인 ㅁ솔루션, 성훈 씨가 일하는 곳은 교학사였다.

성훈 씨는 바로 다음 날 출근했다. 교학사 공장에선 20여 명이 일했다. 아침에 출근해서 밤 9시에 퇴근하면, 야간조가 출근해 아침에 퇴근했다. 교육청에서 주문받은 초등학교 교과서와 교육방송(EBS) 교재를 찍느라 밤낮없이 인쇄기가 돌았다. 만든 교과서는 서울시교육청으로 발송됐다.

점심시간은 40분이었지만 15분 만에 식사를 마치고 자리에 앉아야 했다. 토요일도 당연히 근무, 물량을 맞추기 위해 일요일에도 일했다. 하루 10만 원은 최저임금 8,350원에 12시간을 곱해 책정된 금액이었다. 임금은 주마다 지급됐다.

성훈 씨는 일주일 만근하면 주휴수당이 생기고, 잔업하면 연장근로수당을 받아야 한다는 정도는 알고 있었다. 그런데 회사에서는 아무 말이 없었다. 그는 일주일 만근 뒤 ㅁ솔루션에 전화를 걸어 주휴수당을 요정했다. ㅁ솔루션은 "주휴수당은 열심히 일했을 때 수고했다고 주는 것이지, 꼭 줘야 하는 게 아니다"라고 했다. 꾸준히 다니는 직원에게만 준다고 했다. 그러더니 주휴수당 3만 원이 통장에 입금되긴 했다. 나머지는 파견회사의 수수료라고 했다.

성훈 씨는 이해할 수 없었지만, 어쩔 도리가 없었다. 하루 8시간을 초과하는 근무에 대한 연장근로수당 50퍼센트도 들어오지 않았다. 1시간 4,175원, 하루 3시간씩 주 7일 연장근무하면 일주일에 최소 8만 7,675원이었다.

2주 뒤 교학사는 물량이 줄었다며 파견근로 계약을 종료했다. 마지막 일하는 날. 교학사에 다니는 정규직 지인을 통해 파견직이 아니라 계약직으로 직접고용한 아르바이트는 시급이 법정 최저시급보다 많고, 주휴수당과 연장근로수당 등 모든 수당을 받았다는 사실을 알게 됐다. 파견노동자들은 "파견업체가 벼룩의 간을 내먹었다"고 분노했다. 고용노동부에 진정하자는 얘기가 나왔다. 하지만 다시 파견업체를 통해 일자리를 구해야 하는 사람들은 나서기 어렵다고 했다. 성훈 씨와 동료 1명만 진정을 넣기로 했다.

"하루 벌어 하루 먹고살아야 하는 사람이라 우습게 보고, 법에서 정한 최소한의 금액조차 미달되게 지급하여 돈을 가로채는 행태에 찍소리라도 내야 한다고 생각합니다."

성훈 씨와 동료는 노무사를 만나 체불임금을 계산했다. 일주일 체불액이 12만 원이 넘었다. 주휴수당과 연장근로수당만이 아니었다. 교학사가 물량 감소를 이유로 근무기간이 남은 파견노동자들에게 다음 날 출근하지 말라고 통보한 것은 회사의 귀책사유로 인한 휴업으로, 휴업기간 평균임금 70퍼센트 이상의 수당을 지급해야 한다.

성훈 씨와 동료는 ㅁ솔루션을 상대로 고용노동부에 체불임금 진정서를 냈다. 입증 자료로 채용공고, 체불금액 정산표, 출퇴근 보고 문자 내역, 출퇴근기록표, 급여계좌 입금 내역을 제출했다. 당황한 파견회사는 성훈 씨에게 적당한 금액으로 타협하자고 했지만, 성훈 씨는 법대로 하자고 했다. 결국 회사는 고용노동부에 진정한 체불임금 전액을 입금했다.

불법으로 만들어지는 교과서

1998년 외환위기 당시 노동시장 유연화 차원에서 행정·서비스 등 32업종에 대한 파견이 허용됐다. 교과서 인쇄사업은 제조업 생산공정이기 때문에 파견이 금지돼 있다. 하지만 파견근로자 보호 등에 관한 법률(파견법) 제5조(근로자 파견 대상 업무 등) ②항 "일시적·간헐적으로 인력을 확보하여야 할 필요"가 있을 때는 3개월 이내에 파견이 가능하다. 따라서 성훈 씨의 업무는 불법파견이 아니다. 이 조항을 악용해 경기도 반월공단, 시화공단을 비롯해 전국 공단의 제조업에 잠시 쉬게 한 뒤 다시 파견을 받는 '3개월+3개월=6개월' 파견이 횡행하고 있다.

학교에서 검인정교과서를 선택하면 시도 교육청에서 교과서를 발행하는 출판사에 제작을 의뢰한다. 개학 전 3개월 동안 교과서가 인쇄·제본되기 때문에 비정규직을 채용할 수 있다. 출판사는 사람을 쉽게 쓰고 자르기 위해 파견직을 쓴다.

교학사는 겨울 4개월, 여름 3개월 동안 주야 아르바이트를 고용해 교육청이 발주한 교과서를 생산했다. 파견노동자들은 월평균 50만 원의 임금을 떼였다. 성훈 씨와 동료 1명은 고용노동부에 진정해 체불임금을 받았지만 나머지 파견노동자 20여 명은 고스란히 임금을 떼였다. 성훈 씨 체불임금을 기준으로 하면,

학기별로 파견노동자 1명이 3개월 동안 평균 150만 원, 20명으로 따지면 3,000만 원의 임금을 도둑맞은 것이다.

성훈 씨는 파견업체가 어디에 있는지도 모르고, 방문한 적도 없고, 근로계약서도 쓰지 않았다. 교학사의 지시를 받아 일했지만 떼인 월급은 파견회사에 청구할 수밖에 없었다. 중간착취를 용인하는 파견법을 없애지 않는다면, 성훈 씨 같은 피해자가 계속 나올 수밖에 없다.

근로기준법 제9조(중간착취의 배제)에는 "누구든지 법률에 따르지 아니하고는 영리로 다른 사람의 취업에 개입하거나 중간인으로서 이익을 취득하지 못한다"고 돼 있다. 정부는 학생들이 배우는 교과서가 중간착취와 불법으로 만들어진다는 사실을 알고 있을까?

최저임금

상여금 쪼개 기본급에 넣기

세계 최대 디스플레이단지 경기도 파주. 민수 씨는 'LG디스플레이' 하청업체에서 지게차로 자재를 운송한다. 2013년 가을 사외협력업체에 입사해 2015년 사내하청업체로 옮겨 일했다. 기본급은 최저임금을 겨우 넘는 수준이지만 500퍼센트 상여금이 있어 그럭저럭 먹고살 만했다. 매년 최저임금이 조금씩이라도 오르면 기본급도 인상되고 보너스도 올랐다. 2018년 최저시급이 16.4퍼센트 오른 7,530원으로 결정되던 날, 그와 동료들의 얼굴엔 웃음꽃이 활짝 피었다.

크리스마스 다음 날이었다. 회사가 근로계약서 한 장을 내밀었다. 기본급 138만 원, 조업장려수당 8만 9,000원, 상여수당 49만 원. 이를 더한 통상임금 196만 원이 적혀 있었다. 상여금 500퍼센트 중 400퍼센트를 12개월로 나눠 상여수당을 만든 것이었다. 남은 상여금 100퍼센트는 설과 추석에 절반씩 지급한다고 했다. 황당했다. 계산을 해봤더니 월급이 한 푼도 오르지 않았다. 오른 물가와 세금을 따지면 오히려 임금이 깎인 셈이었다. 내년 시급도 오르지 않을 것 같았다.

회사는 근로계약서에 서명하라고 했다. 취업규칙을 바꾸려면 근로자 과반수가 동의해야 한다는 설명 따위는 없었다. 억울했다. 반장은 어쩔 수 없다고 했다. 동료들에게 말해봤지만 다들 목구멍이 포도청이었다. 직원들은 회사가 내민 종이 한 장에 말 없이 서명했다.

정부가 최저임금신고센터를 만들었다는 뉴스를 보고 고용 노동부에 전화를 걸었나. 근로감독관은 상여금을 기본급으로 전환하는 건 최저시급 인상 목적에 부합하지 않기에 위법이라고 했다. 익명이 보장되니 근로감독을 청원하라고 했다. 그는 난생 처음 근로감독 청원을 했다.

며칠 뒤 고용노동부에서 근로감독을 나왔다는 얘기를 들었다. 직원들 반발이 심한 업체만 취업규칙 변경 동의서를 받은 탓에 다른 하청업체들도 감독을 앞두고 부랴부랴 동의서를 받았다고 했다. 근로감독관은 돌아갔고, 바뀐 건 없었다. LG디스플레이 하청노동자 3,600명은 이렇게 월급 20만 원을 도둑맞았다. 상생이 아닌 '살생'. 결국 그는 4월 초 회사를 그만뒀다.

아는 만큼 뺏기지 않는다

대한민국은 정이 있는 나라다. 밥은 주고 일을 시키는 게 기본이다. 명절이 되면 보너스를 주고, 돈이 없어도 종합선물세트 하나씩은 건네는 게 인지상정이다. 많은 회사에서 통근버스를 운영하지 않으면 교통비를 주고, 오래 일하면 근속수당, 가족이 있으면 가족수당을 준다.

그런데 최저임금이 많이 올랐다는 이유로 정부는 최저임금법을 바꿔, 2019년부터 상여금과 식대, 교통비 등 수당을 2024년까지 순차로 전액 최저임금에 포함시키기로 했다. 노조가 없는 300명 미만 중소기업에서는 아예 수당을 기본급에 포함시키는 방법으로 최저임금 인상을 무력화시켰다. 최저임금은 올랐는데 수당이 기본급화되거나, 법 개정으로 수당이 최저임금에 포함되면서 새해에도 월급이 오르지 않는 것이다.

최저임금은 말 그대로 최저이기 때문에 단돈 10원도 덜 주면 안 된다. 2020년 기준 최저시급은 8,590원, 최저월급은 1,795,310원이 된다. 월급이 이 금액보다 적다면 고용노동부에 임금체불 진정을 내면 된다. 최저임금법 제6조(최저임금의 효력)에 따라 최저임금액보다 적은 임금을 지급하거나, 최저임금을 이유로 종전의 임금을 낮춘 자는 3년 이하의 징역 또는 2,000만원 이하의 벌금에 처한다.

한 청년은 친구 회사에서 오래 일했는데 100만 원에서 시작해 지금은 150만 원을 받고 있다고 했다. 최저임금이 얼마인지도, 모든 사업장에서 최저임금을 지켜야 한다는 것도 몰랐다고 했다. 이 청년이 최저임금을 지키지 않는 사업주는 법적 제재를 받게 된다는 것을 알 리 만무하다.

임금의 우리말은 품삯이다. 품, 즉 어떤 일에 드는 힘이나 수고의 대가다. 수고의 대가를 떼어먹는 일은 어쩌면 가장 나쁜 범죄일지 모른다. 아는 만큼 품삯을 빼앗기지 않는다.

Q&A

임금
회사는 망해도 사장님은 안 망한다

2018~2019년 임금을 제때 받지 못한 노동자가 55만~57만 명, 전체 체불액은 1조 5,000억~1조 7,000억 원이었다. 2016년 기준 일본의 10배 수준이다. 왜 한국에 유독 월급 도둑이 활개를 칠까?

2013년부터 5년간 고용노동부 근로감독에서 적발된 최저임금 위반 1만 2,190건 가운데 형사고발 등 사법처리 단계로 넘어간 사건은 단 115건, 1퍼센트에 불과했다. 같은 기간 대법원 통계를 보면 최저임금 위반 사업주 210명이 재판을 받았는데 실형을 선고받은 경우는 6건이었다.

고용노동부는 최저임금 위반이나 임금체불을 적발해도 밀린 임금만 지급하면 형사고발을 하지 않는다. 임금을 떼먹은 사장은 "회사가 어려워서 월급이 밀린 것"이라고 변명한다. 회사는 망해도 사장님은 안 망한다. 이러니 대한민국에 월급 도둑이 판을 칠 수밖에.

임금체불 노동자가 처벌을 원하지 않을 경우 사업주를 처벌하지 않는 '반의사불벌 조항'부터 없애고, 월급을 100만 원 떼먹었으면 150만 원, 200만 원을 갚도록 하면 된다. 모두 대선 당시 문재인 대통령의 공약이다.

1. 월급을 못 받았다면?

임금체불은 연장·휴일·야간근로수당, 주휴수당, 연차수당, 상여금, 퇴직금 등 명칭을 불문하고 근로의 대가로 지급되어야 할 모든 종류의 금품이 지급기일을 넘겨서도 지급되지 않는 것을 말한다. 퇴직금은 퇴직 후 14일 이내에 지급하지 않으면 임금체불이 된다. 고용노동부, 즉 사업장이 있는 지역 관할 노동청을 방문해 임금체불 진정서를 제출하거나 우편, 인터넷으로 제출하면 된다.

배정된 근로감독관이 사실관계를 조사해 사용자에게 밀린 임금을 지급하라고 지시한다. 총 25일 소요되고, 1회 연장될 수 있다. 사용자가 체불임금을 지급하면 노동자가 진정 취하서를 제출해 사건이 종결된다. 그러나 사용자가 체불임금을 주지 않으면 근로감독관이 수사 결과를 검찰에 송치한다. 사용자는 3년 이하의 징역 또는 2,000만 원 이하의 벌금형을 받을 수 있다.

2. 연봉에 퇴직금이 포함되어 있다면?

퇴직금은 근로관계가 끝나고 지급되는 후불임금이라서 연봉제와 상관없는 제도이다. 연봉에 퇴직금이 포함되어 있다면 근로자퇴직급여보장법 위반으로 무효다. 매년 지급받은 퇴직금과 실제 퇴사 시 받아야 할 퇴직금을 계산해 차액이 있다면 받을 수 있다.

3. 사업주가 일방적으로 근무시간을 줄이고 임금을 깎았다면?

근로계약을 체결할 때 일하기로 정한 시간(소정근로시간)을 사용자가 일방적으로 변경할 수 없다. 정해진 근로시간을 일방적으로 줄이면 사용자 귀책사유에 해당해 임금을 받을 수 있다. 손님이 없거나 일감이 없는 경우는 법적으로 일시적인 휴업상태로 인정되어 근로기준법에 따른 휴업수당(평균임금의 70퍼센트나 통상임금)을 받아야 한다.

4. 포괄임금제로 고정연장수당을 받는다면?

실제 근로시간보다 고정연장수당이 더 많으면, 계약된 임금이기 때문에 돌려주지 않아도 된다. 반대의 경우에는 노동자에게 불리한 계약이기 때문에 추가로 임금이 지급되어야 한다. 포괄임금제라고 하더라도 고정연장수당보다 실제 연장근로시간이 많다면 차액만큼 더 받을 수 있다.

노동시간과 휴가

근무시간

조기퇴근과 호출형 알바

아르바이트 노동자 미영 씨는 프랜차이즈 패스트푸드 가게에서 시간제 아르바이트로 일한다. 본사 직영 매장으로 점장과 리더(본사 정규직)는 경영과 원재료 준비를, 시간제 아르바이트 노동자는 샌드위치 만들기, 손님 응대, 매장 청소를 담당한다. 그는 등록금을 벌기 위해 식당, 편의점, 커피숍 등 안 해본 아르바이트가 없었다. 이번에는 유명 프랜차이즈니까 근로기준법도 잘 지킬 테고, 적어도 월급을 떼이진 않겠다고 생각했다.

끼니때는 손님이 많았지만 매출이 들쑥날쑥했다. 손님이 적은 어느 날이었다. 리더는 자진해서 조기퇴근할 아르바이트 노동자가 있는지 물었다. '근무시간 꺾기'라고 하는 근무시간 단축이었다. 일하지 않은 시간은 급여가 지급되지 않고, 주휴수당도 받지 못한다. 조기퇴근 요구에 아무도 대답하지 않았더니 리더가 한 명을 지목했다. 그는 억울한 표정을 지으며 근무복을 벗고 퇴근했다. 그 후에도 종종 비슷한 일이 벌어졌다. 리더는 자원하는 사람이 나올 때까지 물었다. 매출이 적으면 누군가 한 명은 '자진'해서 조기퇴근을 해야 했다.

아르바이트 근무표는 점장 마음대로였다. 혜진 씨는 수요일 저녁 6시 30분부터 밤 10시, 토·일요일 오후 5시부터 밤 11시까지 근무한다는 조건으로 근로계약서를 쓰고 두 달 동안 일했다. 6월에 새 리더가 오자 일손이 넉넉해졌다며 수요일 근무를 월·수·금 중 하루 근무로 바꿨다. 혜진 씨는 손님이 많아 일손이 부족한 날을 '땜빵'하는 '호출형 알바'로 일해야 했다. 그의 근로계약서에는 "근무여건 및 경영환경에 따라 변동될 수 있으며, '을'은 특별한 사유가 없는 한 근로시간 조정이 있을 수 있음을 인지하며 이에 동의한다"고 돼 있었다.

밤 10시, 아르바이트 3명이 일하고 있었다. 미영 씨의 동료 수혁 씨는 오후 5시부터 밤 11시 근무로 근로계약서를 썼다. 밤 10시부터 일한 시간은 야간수당이 생겨 시급의 1.5배를 받았다. 점장은 밤 10시 이후 손님이 별로 없고, 수혁 씨가 업무능력이 떨어져 도움이 되지 않는다며, 근로계약서를 밤 10시까지로 다시 쓰라고 했다. 그는 아무 말도 못 하고 새 계약서에 서명했다.

주말 아르바이트 성완 씨는 토·일요일 오후 5시부터 밤 11시 근무로 근로계약서를 썼다. 그런데 성완 씨가 일을 잘 못하자 점장은 그에게 평일에 나와 일을 배우라고 했다. 아르바이트 자리를 놓치고 싶지 않았던 성완 씨는 할 수 없이 출근했다. 평일에 일한 대가는 한 푼도 받지 못했다.

주휴수당과 공짜야근

아르바이트 노동자들의 제보는 눈물겹고 서럽다. 한 노동자가 편의점 점주에게 주휴수당을 요구했다. 점주는 처음에는 "편의점 중에서 주휴수당 챙겨주는 곳 없다"며 은근슬쩍 넘어가려고 했다. 성실히 근무했고, 근로기준법 제55조(휴일)가 보장하는 권리라고 하자, 점주의 태도가 돌변했다.

> "너한테 실망이 크다. 주휴수당 몇 푼 안 되는 거 받고, 앞으로 근처에서 편의점 아르바이트 할 생각 하지 마라. 그동안 CCTV 내용 다 확인할 테니까 부르면 곧장 매장으로 와라. CCTV 확인 끝나고 아무런 이상 없으면 그때 주휴수당 주겠다."

'알바생'이 아니라 '아르바이트 노동자'다. 근로기준법에 따라 근로계약서를 써야 한다. 1년 미만 계약직이나 청소, 판매, 서비스 등 단순노무직일 경우에는 수습기간이라도 급여의 100퍼센트를 지급해야 한다.

주휴수당은 주 15시간 이상 일하면 일주일에 하루씩 유급 휴일을 주는 것이다. 즉 주휴일에는 일을 하지 않아도 되며, 하루치 임금을 추가로 받을 수 있다. 월급 노동자의 경우 월급에 주휴수당이 포함돼 있다. 아르바이트 노동자도 주 15시간 이상 일하면 주휴수당을 받을 수 있다. 모르면 떼인다.

공짜야근을 하게 만드는 탄력적 근로시간제(탄력근로제)도 심각하다. 근로기준법 제50조(근로시간)에 따르면 법정근로시간인 주 40시간을 초과하면 기업은 이에 따른 초과근무수당을 지급해야 한다. 하지만 제51조(탄력적 근로시간제)에 따르면 3개월을 평균하여 주당 근로시간이 40시간을 넘지 않으면 특정 주, 월의 주당 근로시간이 40시간을 넘더라도 연장근로수당을 지급하지 않아도 된다. 즉 3개월 근로시간 총량인 3,600시간(40시간×90일)만 넘지 않으면, 45일은 법이 허용하는 한계(법정근로 40시간+연장근로 12시간)인 주당 52시간(52시간×45일=2,340시간), 45일은 주당 28시간(28시간×45일=1,260시간)을 노동하도록 요구할 수 있다.

게다가 재계는 탄력근로제 단위기간을 3개월에서 1년으로 확대할 것을 요구하고 있다. 재계 요구대로 탄력근로제가 1년 단위로 확대될 경우 초과근로가 가능한 기간이 기존 45일에서 6개월로 4배가량 늘어난다. 6개월은 주 52시간 근무를 하고, 6개월은 주 28시간 일을 하는 식이다. 반년 동안 초과근로를 하고도 연장근로수당도 받을 수 없다. 그리고 탄력근로제에 추가하여 다시 12시간 연장근로가 가능하므로 최장 6개월은 주 64시간을, 6개월은 주 40시간을 일하게 될 수 있다.

근로기준법에는 사용자가 근로자대표와 반드시 서면으로 '합의'해야 하는 사항이 7개나 된다. 탄력적 근로시간제, 선택적 근로시간제, 연장근로 제한의 예외, 보상휴가제, 근로시간 계산의 특례, 근로시간 및 휴게시간의 특례, 연차유급휴가 대체다. 또 경영상 이유로 인한 해고, 임산부·연소자 야근, 휴일근로도 노동부장관 인가 전 근로자대표와 '협의'해야 한다.

그러나 근로자대표의 선출방법, 임기, 권한, 활동내용과 같은 규정이 전혀 없어 근로자대표가 없는 회사가 대부분이다. 근로자대표가 있더라도 사측이 일방적으로 근로자대표를 추천하고 결정하는가 하면, 심지어 직원들이 근로자대표가 누구인지 모르는 경우가 대부분이다. 직장에서 근로자들의 권한을 위임받은 근로자대표는 유령 아니면 어용인 셈이다. 근로자대표의 권한과 민주적 선출 절차, 임기 등을 법에 명시해 근로자대표 제도를 실질화해야 한다.

휴게시간

휴게시간에 출동하기

아파트 전기기사 길남 씨는 24시간 근무하고 24시간 휴무하는 맞교대로 일한다. 근로계약서에 명시된 휴게시간은 점심과 저녁 각각 1시간 30분, 새벽 1시부터 4시였다. 전에 일하던 아파트는 점심과 저녁이 각각 1시간이었다. 휴게시간이 1시간이나 늘어 찜찜했지만, 달리 방법이 없어 근로계약서에 서명했다.

출근해보니 아파트가 너무 낡고 오래되어 문제가 많았다. 누수현상이 심각해 주민들이 시도 때도 없이 물이 샌다고 신고했다. 소방감지기가 잘못 작동하는 일도 잦았다. 새벽에 술에 취해 난동 부리는 주민 신고도 끊이지 않았고, 좁은 주차장 때문에 연락처를 남기지 않은 차량 신고도 계속됐다.

아파트 주민들은 저녁 식사시간과 야간 휴게시간에 수시로 전화를 걸어 출동을 요구했다. 야간 취침시간이라고 해도 막무가내였다. 밥을 먹다 말고 출동을 하고, 쪽잠을 자다 깨 현장에 나가야 했다. 힘들어서 도저히 못하겠다고 아파트 관리소장에게 호소했지만 해결되지 않았다.

휴게실은 관리실 건물 지하 1층에 있는 전기실 옆 조그마한 방이었다. 방 근처에 전압기가 있었고, 천정에는 바퀴벌레가 득실거렸다. 나무로 만든 간이침대가 놓여 있었다. 그런데 허리가 너무 아파 거의 잠을 잘 수가 없었다. 입주민 회장과 소장에게 건의도 해보았지만 달라지는 건 없었다. 길남 씨는 다른 입주민이 버린 라꾸라꾸 침대를 구해 놓고 야간시간을 보냈다.

2019년이 되자 소장은 새로운 근로계약서를 가져왔다. 야간 휴게시간이 1시간 늘어나 자정부터 새벽 4시까지였다. 사실상 쉴 수 없는 휴게시간을 도리어 늘려놓았다. 2019년 월급이 들어왔다. 2018년에 비해 최저임금이 많이 올랐는데, 월급은 그대로였다.

그는 곰곰이 생각했다. 휴게시간을 줬으면 쉴 수 있는 공간과 여건을 만들어줘야 하는데 아무런 조치가 없었다. 휴게시간에 실제로 일을 했다는 기록을 남겨야겠다고 생각했다. 00:25 주차 신고로 출동, 호수와 주민 이름 확인, 01:20 상황종료. 19:23 누수 신고로 00동 00호 방문, 밸브 교체, 20:30 상황종료. 이런 식으로 되도록 상세하게 근무한 내용을 기록했다.

그는 근무시간과 체불임금을 계산했다. 평균적으로 저녁 식사시간 1시간, 야간 휴게시간 3시간을 일했다. 야간은 임금의 1.5배를 받아야 하니 체불임금이 상당했다. 관리사무소에서는 새해가 되면 인상된 최저임금을 주지 않으려고 휴게시간을 더 늘릴 게 뻔했다. 그는 퇴사하고 고용노동부에 체불임금을 진정했다. 그러나 입주민 회장과 관리소장은 소액을 제시하며 합의하자고 했다. 그는 합의를 거부했다.

휴게시간을 늘리는 진짜 이유

휴게시간에 일을 했다는 것을 인정받기는 쉽지 않다. 휴게시간에 근로했다는 것을 확인할 수 있는 업무일지, 휴게시간에 업무명령을 들었거나 보고했다면 그것을 확인할 수 있는 문서나 이메일과 문자메시지, 그 시간에 쉬다가 징계를 받은 적이 있다면 징계 자료 등이 필요하다. 동료나 아파트 주민 등에게 야간에 일을 한 것이 맞다는 내용의 사실확인서를 받아서 고용노동부에 제출하면 간접적이나마 입증에 도움이 될 수 있다.

누구나 일하고 나면 쉬어야 하고, 쉼으로 얻은 힘으로 일을 한다. 노동과 휴식은 떨어질 수 없는 짝꿍이다. 산업혁명 시절 영국 방직공들 그리고 1970년 전태일을 비롯한 봉제공 보조, 이른바 시다들은 하루 16시간 일했다. 일을 시키는 사람, 즉 사장님들은 휴식 없는 노동을 원했지만, 인류의 역사는 일하는 시간을 줄여온 역사다. 1886년 5월 1일 미국의 노동자들이 총파업을 벌이며 외쳤던 요구는 하루 8시간 노동이었다. 이날은 세계 노동절(근로자의 날)로 기념하고 있다. 세상에 꼭 필요한 노동에 정당한 대우가 필요하다.

연차휴가

월급에 연차수당이
포함됐다고요?

30여 명이 일하는 기호 씨 회사는 월~금요일 주 5일 근무를 하고 있다. 취업규칙과 근로계약서에는 유급휴일로 ①주휴일 ②근로자의 날이 명시되어 있고, 연차유급휴가도 근로기준법대로 되어 있다. 그런데 근로계약서 임금 항목에 "월지급액은 연봉액을 12로 나눈 금액으로, 월지급액에는 법정수당(연장근로수당, 연차수당 등)이 포함되어 있으며, '을'은 이와 같은 포괄임금 산정방식에 동의한다"로 적혀 있다. 즉 연차유급휴가가 있긴 하지만, 포괄임금으로 연차수당을 매달 주기 때문에 사실상 연차라는 제도가 없는 것과 마찬가지였다.

이른바 '빨간 날'이라고 부르는 법정공휴일에도 출근했고 5월 1일 근로자의 날에도 일했지만, 추가수당은 지급되지 않았다. 직원들은 퇴근시간 후 특강에 반드시 참여해야 하고 2박3일 워크숍(금, 토, 일)도 의무적으로 가야 하지만, 휴일근무수당을 받지 못했다.

현경 씨는 직원 10명 미만의 작은 회사에 다닌다. 근로계약서에는 오전 9시 30분에 출근해 저녁 6시 30분 퇴근으로 적혀 있지만 실제로는 9시에 출근해 7시에 퇴근한다. 연봉은 최저임금을 겨우 맞춘 금액이었지만 월급이 밀리지 않고 나왔다. 상여금 400퍼센트, 명절 보너스 100퍼센트, 여름휴가비는 가뭄에 단비 같았다. 해마다 최저임금이 오르면 월급도 조금씩 올랐다.

그런데 지난해 회사는 새로운 근로계약서를 제시했다. 상여금 400퍼센트를 12개월로 쪼개 기본급에 넣었다. 국회에서 최저임금 산입 범위에 상여금과 복리후생수당을 포함하기로 최저임금법을 개정한 이후였다. 지난 추석을 마지막으로 명절 보너스도 사라졌고, 여름휴가비도 없어졌다.

이뿐만이 아니었다. 회사는 "연차는 공휴일로 대체한다"는 내용을 담은 근로계약서에 서명하라고 했다. 다들 어쩔 수 없이 서명했다. 아이가 아파 회사에 전화해 연차를 신청했다. 다음 달 급여명세서에는 하루 치 일당이 월급에서 빠져 있었다. 몸이 아파 병원에 가도, 친인척의 장례에 참석해도 월급이 깎였다. 최저임금이 많이 올라 생활이 나아질 것이라는 현경 씨의 기대는 허물어졌다. 연봉 총액이 도리어 줄어들었다.

연차는 '회사 맘'이 아니다

하루 4시간 일하면 30분, 8시간 일하면 1시간을 쉬어야 한다. 주 5일 일하면 하루는 유급휴가를 받는다. 1개월을 일하면 하루, 1년을 일하면 15개의 연차유급휴가가 생긴다. 근로기준법 제60조에 따라 "사업 운영에 막대한 지장"이 없다면 원하는 시기에 휴가를 쓸 수 있다. 5인 이상 사업장이라면 연차휴가는 당연히 사용할 수 있다. 필요해서 더 쓰게 되면 월급에서 공제하면 된다.

근로자의 날은 유급휴일이기 때문에 근무를 했다면 150퍼센트의 휴일근로수당을 지급해야 한다. 토요일과 일요일도 150퍼센트 휴일근로수당을 지급해야 하고, 워크숍도 연장근로나 휴일근로에 해당되면 연장근로수당과 휴일근로수당을 받을 수 있다. 고용노동부에 진정을 했다는 이유로 불이익을 주면 근로기준법에 형사처벌 조항이 있다.

다행히 그동안 민간기업에는 적용되지 않았던 법정공휴일 유급휴일이 법제화됐다. '빨간 날'에는 쉴 수 있도록 법적으로 보장받게 된 것이다. 2020년 1월 300인 이상 기업으로 시작해, 2021년 30~299인, 2022년 5~29인 기업으로 확대 적용된다. 이제 회사가 제멋대로 연차휴가를 빼앗아가는 일은 사라지게 됐다.

Q&A | 노동시간과 휴가
휴가는 사장님
선물이 아니다

직장갑질119가 직장인 1,000명을 대상으로 직장갑질 감수성을 조사한 결과 "원하는 때에 연차 등 법정휴가를 사용하지 못할 수 있다"는 항목에서 상위관리자와 평사원의 감수성은 큰 차이를 보였다. 젊은 직장인들은 휴가를 법이 보호하는 자신의 권리라고 생각하는데, 사용자들은 휴가를 '사장님 선물'로 생각하고 있다는 뜻이다. 본인이 원할 때 자유롭게 휴가를 쓰고, 재충전한 힘으로 회사를 위해 창의적이고 주체적으로 일할 때 생산성이 높아진다는 사실을, 우리 사장님들은 언제쯤 깨달을 수 있을까?

1. 휴게시간에도 일을 해야 한다면?

근로기준법은 4시간마다 30분 이상의 휴게시간을 부여하도록 정하고 있다. 휴게시간을 제대로 주지 않으면 휴게시간에 일을 했다는 증거를 모아 고용노동부에 임금체불로 진정할 수 있다.

2. 정해진 시간보다 일찍 출근하고 늦게 퇴근하라고 하면?

근로계약으로 정한 출퇴근시간 전후로 추가 근로를 강요한다면 연장근로수당을 받을 수 있다. 법정의무교육이나 업무에 필요한 교육, 수련회 등도 근로시간에 포함되기 때문에 임금을 받을 수 있다. 증거를 모아 고용노동부에 진정하면 된다.

3. 연차를 붙여 쓰지 말라고 하면?

사용자는 1년간 80퍼센트 이상 출근한 노동자에게 15일의 유급휴가를 줘야 한다. 이는 1년 범위 내에서 노동자가 원하는 시기에 사용할 수 있다. "사업 운영에 막대한 지장"이 있을 때에만 사용자는 다른 시기로 변경을 요구할 수 있다. 연차휴가를 정당한 이유 없이 거부할 경우 고용노동부에 신고하면 2년 이하의 징역 또는 2,000만 원 이하의 벌금에 처할 수 있다.

4. 휴가를 갔다 왔는데 상사가 괴롭힌다면?

고용노동부는 직장 내 괴롭힘 행위 예시로 정당한 이유 없이 휴가 등을 사용하지 못하도록 압력을 행사하는 행위를 제시하고 있다. 즉 연차유급휴가를 사용하지 못하게 할 목적으로 노동자를 괴롭히는 행위는 직장 내 괴롭힘에 해당할 수 있고 법에 따라 고용노동부에 신고할 수 있다.

5. 연봉에 연차수당이 포함되어 있다면?

연차유급휴가는 유급으로 휴가를 쓰는 게 1차 목적이고, 부득이하게 쓰지 못할 경우 수당으로 받을 수 있다. 1년 동안 연차휴가를 다 사용하지 못했다면 소멸한 휴가일수만큼 수당으로 청구할 수 있다. 연봉에 연차유급휴가 수당을 포함해 지급하는 경우, 노동자의 의사와 무관하게 휴가 사용 권리가 박탈돼 무효다. 단, 연봉에 연차유급휴가 수당이 포함되어 있어도 실질적으로 휴가를 사용하는 게 가능하다면 법적으로 문제가 되지 않는다.

4

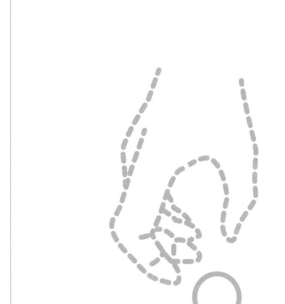

괴롭힘

폭언 · 폭행

일가족 갑질, 품격 리조트의 실체

북한강변의 한 아름다운 리조트. "자연을 벗삼아 여유롭고 프라이빗하게 즐길 수 있는" 최고급 개인 별장형 리조트다. 성현 씨는 멋진 리조트에서 품위 있는 손님들을 상대로 행사를 기획하고 영업을 하면 좋겠다고 생각하고 입사했다.

성현 씨는 리조트 예약 상담과 별장투어 업무를 하는 영업관리부에서 일했다. 하루에도 수십 건의 상담과 방문이 이어졌다. 주 5일, 하루 9시간 근무를 하기로 했지만 회장은 그를 날마다 불러냈다. 출근카드나 출근부도 없었고, 근로계약서도 쓰지 않았다. 회장은 성현 씨와 부서 사람들에게 날마다 늦은 밤까지 야근을 시켰다. 그는 출근부를 직접 만들어 자신과 팀원들의 출퇴근을 기록했다.

회장은 부인, 딸과 함께 리조트 내 별장에서 살았다. 회장은 아무 때나 회의를 소집했다. 회의 장소는 회장이 사는 별장이었다. 회장은 성현 씨 혼자 부르기도 했고, 영업관리부 직원을 모두 소집하기도 했다. 청소 상태가 마음에 들지 않는다거나, 전화 응대를 제대로 하지 않았다는 게 이유였다.

회장은 입에 '걸레'를 물고 살았다. 개새끼, 또라이, 미친놈, ×발놈이라는 욕을 하루에도 몇 번씩 했다. 어느 날이었다. 영화

촬영을 위해 리조트 투어를 요청받았다. 성현 씨는 차로 손님에게 리조트를 안내했다. 회장에게 전화가 걸려왔다.

"이 새끼 큰일날 새끼네. 미친 새끼 아냐. 이거 상식이지, 이 새끼야. 너 같은 새끼 서음 보네. 이거, 이 새끼 관둬야지 안 되겠네 정신병자 아냐. 거기 앉아갖고, 병신 같은 거. 난 너 같은 새끼 제일 싫어하거든. 그만두려면 그만두고…"

회장의 폭언은 20분 동안 계속됐다. 리조트 투어를 회장에게 미리 보고하지 않았다는 게 이유였다. 하지만 영업관리부 업무이고, 하루에도 투어를 수십 건 하기 때문에 일일이 보고할 일이 아니었다. 성현 씨는 죄송하다고 연거푸 사과했지만, 회장의 입은 다물어지지 않았다.

시도 때도 없는 호출과 폭언에 조금이라도 불만을 보이는 직원은 예고도 없이 잘려나갔다. 회장은 다른 직원들이 있는 곳에서 욕설을 퍼붓고 출근하지 말라고 했다. 서울에서 같이 근무하다 그가 제안해 리조트에서 일하게 된 동료들이 회장의 폭언과 갑질을 견디지 못하고 리조트를 떠나갔다.

"저는 불만조차 내비치지 않고 죽어라 일했습니다. 잘리면 생활고로 시달리는 게 더 힘들 것 같다는 생각에서. 지금 생각해보면 참, 부하직원들 앞에서 온갖 폭언과 욕설을 듣고, 정말 개처럼 근무했던 모습이…"

견디다 못한 성현 씨는 회장의 폭언에 대해 형법상 모욕죄로 경찰에 고소했다.

영혼에 남은 상처

한 주유소 사장은 직원에게 집밥을 해달라고 하고, 텃밭에서 농사일을 시켰다. 쉬는 날 전화해 주유소에 나와 일하라 하고, 3분 늦게 근무지에 도착했다고 폭언을 퍼부었다. 근무 중 지역 건설회사 대표인 손님에게 욕설과 폭행을 당했는데도 단골이라는 이유로 경찰에 신고하지 못하게 하고, 합의서 작성을 강요했다.

애완견도 때리거나 함부로 대하지 않는 시대, 직장인들이 개보다 못한 대우를 받는다. 폭언과 인격 모독이 폐부를 깊숙이 찌른다. 사장만이 아니다. 정규직이 파견직을 모욕하고, 대리가 계약직을 능멸한다. 취직이 어려운 시대, 비정규직이 많아진 시절 직장의 풍경이다.

근로기준법 제8조(폭행의 금지)에는 "사용자는 사고의 발생이나 그 밖의 어떠한 이유로도 근로자에게 폭행을 하지 못한다"고 되어 있고, 5년 이하의 징역 또는 5,000만 원 이하의 벌금으로 엄하게 처벌하고 있다. 일반 폭행은 2년 이하의 징역, 500만 원 이하의 벌금이다. 책상을 발로 차거나 물건을 집어던지는 행위도 정도가 심각하면 폭행에 해당된다.

하지만 사용자가 아닌 직장 상사는 근로기준법 제8조로 처벌하기 어렵다. 직장 상사가 물건을 집어던지고 쌍시옷이 들어가는 욕을 한다면, 증거를 남기고 경찰에 폭행죄나 모욕죄로 신고하자. 회사에는 직장 내 괴롭힘으로 신고하고, 공간 분리를 요구하면 된다. 고용노동부는 △신체에 대하여 폭행하거나 협박하는 행위 △지속·반복적인 욕설이나 폭언을 직장 내 괴롭힘으로 명시하고 있다. 남의 집 귀한 자식 영혼에 상처를 주는 폭언은 범죄다.

태움

영혼이 재가 될 때까지

윤아 씨는 어릴 때부터 환자 돌보는 일을 하고 싶었다. "의사는 진단하고, 간호사는 치유한다"는 미국 드라마 〈너스 제키〉를 보며 간호사를 동경했다. 늦은 나이에 간호학과를 졸업하고 대학병원에 취직했다. 신입사원답게 예의 바르고 겸손한 자세로 배워야겠다고 생각했다.

부서가 정해지고 프리셉터(개인지도 간호사)가 배정됐다. 프리셉터는 간호술기 책을 훑어줬다. 업무 처리, 물품 위치, 각종 기계 사용법 등 설명이 쉴 새 없이 이어졌다. 질문하려 했더니 그건 집에 가서 알아오라며 숙제를 내줬다. 궁금한 게 있었지만 더 물어볼 수 없었다.

입사 3일차 되는 날이었다.

"당신은 나랑 안 맞는 것 같아요. 선생님 그만둬도 나는 아무 상관도 없어요. 그만둘 거면 빨리 그만둬요."

말로만 듣던 '태움'(영혼이 재가 될 때까지 태운다는 뜻)이 시작되는 걸까? 그는 당황했다. 그래도 환자의 생명을 다루는 직업, 신경을 바짝 곤두세우고 긴장의 끈을 놓치지 않겠다고 다짐했다.

프리셉터는 과제를 하는 중간에 다른 일을 시켰다. 일을 마치고 겨우 과제를 하는데, 왜 과제를 끝내지 않느냐며 혼을 냈다. 20분 걸릴 일을 시켜놓고 서너 번을 불러 다른 일을 시키고, 해야 할 일을 못하게 잔소리로 시간을 보내고, 20분 뒤 왜 제때 일을 못 끝내느냐고 짜증을 냈다.

윤아 씨는 프리셉터가 환자를 돌보면서 신입 간호사를 가르치는 일을 같이 하느라 짜증이 날 수밖에 없다고 생각했다. 스스로 더 열심히 노력하고 공부해야겠다고 다짐했다. 그러나 프리셉터의 태움은 갈수록 심해졌다.

"연휴기간 쉬니까 좋으시죠? 연휴에 나와서 시험 보세요."

"나이가 많아서 쥐어 팰 수도 없고."

"최소 한 시간 반 일찍 출근하세요. 아니, 세 시간 일찍 나오세요."

"끝나고 나서 남아서 더 공부하고 집에 가세요."

"비번인 날도 나와서 일 보고 가세요."

"내가 하는 말에는 토 달지 말고 무조건 '예, 알겠습니다'로 대답하세요."

교육생과 지도교사 사이에는 질문도, 대화도, 상의도 없었다. 면박과 짜증, 비난과 조롱만이 주어졌다. 평정심을 유지하고 참고 내색하지 않으려 애썼다. 프리셉터는 그럴수록 더 괴롭혔다. 벌칙으로 똑같은 내용을 반복해서 쓰는 '깜지' 숙제도 하라고 했다. 모르는 부분을 지적할 땐 특히 목소리를 높여 다른 간호사와 환자들이 듣게 했다. 치욕감이 들었다. 입 밖에 나오지 못한 말들이 응어리로 남아 가슴을 짓눌렀다.

신입 간호사를 괴롭히는 건 경력 간호사만이 아니었다. 의사에게 태움을 당한 간호사도 적지 않았다. 그는 '낮 근무'를 위해 아침 6시에 출근해 다음 날 새벽 3시에 퇴근했다. 근무시간에 소화하지 못한 전산처리를 해야 했고, 과장이 원하는 대로 사유서를 써야 했다. 일을 가르친다며 폭언을 일삼았고, 벽에 밀치거나 등짝을 때리기도 했다. 울면서 잘못했다고 용서를 구하기도 했고, 다른 부서로 보내달라고 로테이션을 요청하기도 했지만 괴롭힘은 더 심해졌다.

"나는 항상 죄인처럼 걸어다니고 죄인처럼 인사하고 죄인처럼 대답하고 죄인처럼 밥 먹고⋯ 이제 두 달 지났다. 1년 버틸 수 있을까? 하루하루가 견디기 힘들다. 너무 우울하다. 내 삶에서 웃음이 사라졌다. 웃긴 걸 봐도 웃기지 않는다. 음식도 맛이 없다. 물맛도 쓰다. 두 달 만에 7킬로그램이 빠졌다. 자도 피로가 안 풀리고 잠들기 전 마음이 너무 괴롭고 가슴이 두근거린다. 매일매일이 끔찍하다."

태움의 악순환을 끊으려면

서울아산병원 중환자병동에서 일하던 박선욱 간호사가 태움을 견디지 못하고 스스로 목숨을 끊었다. 전국보건의료노조 설문조사 결과 간호사 10명 중 4명이 태움을 당했다. 간호사의 평균 근무년수가 5.4년에 불과하고 신입 간호사의 1년 내 이직률이 33.9퍼센트에 이른다. 태움이라는 갑질이 근절되지 않는 이유는 절대적인 인력 부족에 있다. 인구 1,000명당 활동하는 간호사 수는 3.5명으로 경제협력개발기구(OECD) 평균(6.5명)의 절반 정도다.

정부 대책이 발표됐다. 의사나 간호사가 태움·성희롱 등 인권침해 행위를 하면 면허 정지 등 제재를 가한다. 2022년까지 신규 간호사를 10만 명 늘린다. 신입 간호사 교육 전담자를 두되 교육기간에는 환자를 돌보지 않도록 하고, 정기 실태조사를 벌인다.

그런데 정부 대책이 시행되면 태움 갑질이 사라질까? 생명을 다룬다는 이유로 벌어지는 병원 태움은 총기를 다룬다는 이유를 내세운 군대 군기잡기와 판박이다. 간호사 경력이 태움 면허증이 됐고, 신입 때 당한 기억은 갑질에 대한 변명이, 병원의 비호는 범죄의 면죄부가 됐다. 선배 간호사들의 진정 어린 자성과 병원 노조들의 실천이 절실하다.

차
별

여성 그리고 비정규직

수정 씨는 대구에서 나고 자랐다. 대학을 졸업하고 직장을 알아보다 연구원 공채 공고를 봤다. "지역 기업들과의 협업을 통해 개발한 기술을 기업의 생산과 사업화로 이어주는" 연구원에서 일해보고 싶었다. 대구시 파견 공무원이었던 이아무개 기획경영실장은 "열심히 일하면 정규직으로 전환된다"고 말했다. 2007년 4월 30일 기획경영실에서 계약직 행정원으로 근무하기 시작했다.

그의 업무는 이노카페(Inno-Cafe) 운영이었다. 이노카페는 지역 내 산·학·연 전문가들의 비공식적 의견교환 장소로, 혁신적 아이디어를 창출하는 기관으로 당시 유행이었다. 연구원은 그에게 이노카페 업무와 기획경영실 일반행정 업무를 시켰다.

첫 근로계약은 12월 31일까지 8개월이었고, 2008년부터 2012년까지 1월 1일~12월 31일 1년 단위로 계약했다. 수정 씨가 연구원에 입사한 해 7월 1일, 기간제법이 시행됐다. 법에 따라 2009년 4월 30일이 되면 정규직으로 전환돼야 했지만, 연구원은 매년 계약을 갱신했다. 수정 씨는 기간제법이 있는지조차 몰랐다.

2010년이었다. 수정 씨보다 조금 먼저 입사한 남자 계약직

3명이 정규직으로 전환됐다. 그는 입사순으로 정규직 전환이 된다고 생각하며 열심히 일했다. 2012년 2월까지 기획경영실에 근무했고, 이후 기계로봇본부, 중소기업지원본부, 뿌리산업혁신본부 등에서 행정 업무를 했다.

2013년 1월이었다. 연구원에서 그를 포함해 계약직 4명에게 자택에서 대기하라고 했다. 연구원은 퇴직금을 지급하겠다고 했다. 중간정산을 하는 게 더 유리하다고 했다. 계약직 4명이 퇴직금을 받았고, 전원 다시 입사했다. 2월부터 4월까지 3개월 계약을 했다. 5월 1일부터는 1년 단위로 계약서를 썼다. 기간제법을 위반해 계약직을 쓰다 법률 자문을 받고 황급히 퇴직금을 지급한 것이었다.

2014년 4월이었다. 연구원이 내민 계약서에 '기간제 및 단시간 근로자 보호 등에 관한 법률 제4조'라는 내용이 포함됐다. 기간제근로자의 사용에 대한 이 조항에서 "사업의 완료 또는 특정한 업무의 완성에 필요한 기간을 정한 경우"는 정규직화의 예외에 해당한다는 것이었다. 근로계약서에 수정 씨 업무가 '정규직 전환 예외'라는 것을 적어 기간제법 위반을 피하려 한 꼼수였다.

2010년 이후 정규직 전환은 없었다. 회사가 정규직 채용공고를 내면, 사내 계약직이 응시해 정규직으로 뽑혔다. 2015년이었다. 수정 씨는 권아무개 기획경영실장에게 정규직 채용에 응시하고 싶다고 했다.

그는 황당했지만 계약직마저 잘릴지 모른다는 생각에 원서
를 내지 못했다.

인사담당자들은 출산휴가와 육아휴직을 줘야 해서 여성은
절대 뽑지 않는다고 공공연히 떠들고 다녔다. 2010년 이후 남성
계약직은 15명이 정규직이 됐는데 여성은 1명도 없었다. 연구원
은 프로젝트에 따라 필요한 인력으로 위장하기 위해 7개월, 3개
월, 6개월, 1년씩 계약을 맺었다.

연구원의 갑질은 정규직 전환에만 그치지 않았다. 2018년
수정 씨는 스트레스로 돌발성 난청이 심해져 절대 안정가료(심
신을 편안히 해 치료)가 필요해 며칠만 병가를 쓰게 해달라고 했
지만 거절당했다. 지난해에도 허리디스크 검사를 위해 이틀만
병가를 내겠다고 했다가 퇴짜 맞았다. 정규직은 허리디스크로
한 달씩 병가를 썼다.

2년마다 주는 건강검진비 20만 원도 비정규직에겐 주지 않
다가 지난해 처음 지급됐다. 1년 육아휴직을 신청한 비정규직에
게는 계약 만료일에 맞춰 9개월만 휴직을 줬다. 돌아오지 말라
는 뜻이었다. 가장 큰 차별은 성과급이었다. 성과급은 프로젝트 사
업이 끝나고 두 달 뒤 지급됐는데, 계약직은 주도적 역할을 하고도

프로젝트 사업 종료 뒤 계약이 해지돼 성과급을 받지 못했다.

연구원은 2018년 6월 30일부로 계약이 끝났다며 수정 씨를 해고했다. 그때까지 12번의 계약 해지와 갱신을 하는 동안 연구원 인사담당자는 한 번도 퇴직 처리를 하지 않았다. 그는 11년 2개월 만에 해고를 당한 것이었나.

계약해지, 11년 동안 12번

수정 씨는 억울했다. 직장갑질119에 편지를 보냈다. 답변은 간단했다. 수정 씨는 기간제법 적용 예외 사유, 즉 "사업의 완료 또는 특정한 업무의 완성에 필요한 기간을 정한 경우"에 해당하지 않아 근무 2년이 되는 2009년 4월 29일 이후 "기간의 정함이 없는 근로자", 즉 정규직으로 간주된다는 것이었다(대법원 2017년 2월 3일 선고, 2016다255910 판결). 연구원은 9년 넘게 기간제법 제4조를 위반하여 불법으로 계약직을 썼다. 그는 '노동인권 실현을 위한 노무사모임' 노무사를 소개받아 부당해고 진정을 냈고 부당해고를 인정받았다.

성과급과 휴가 등에서의 차별대우는 기간제근로자를 "기간의 정함이 없는 근로계약을 체결한 근로자에 비하여 차별적 처우를 하여서는 아니 된다"는 기간제법 제8조(차별적 처우의 금지) 위반이다. 출산휴가와 육아휴직을 이유로 여성 계약직과 남성 계약직을 차별했으므로 남녀고용평등과 일·가정 양립 지원에 관한 법률(남녀고용평등법) 위반도 적용된다. 불법이 한둘이 아니다.

수정 씨는 법적 소송에서 이겨 연구원으로 돌아가도 집단 따돌림과 괴롭힘을 당할까 걱정이다. 하지만 갑질과 차별에 시달리다 연구원을 떠난 동료들, 계약직이라는 이유로 모멸감에 시달리는 후배들을 생각하며 용기를 낸다. 갑질에 맞서는 가장 강력한 무기는 용기이기 때문이다.

따돌림

당신은 "불편한 사람"

미라 씨는 한 중소기업에서 사무관리직 업무를 시작했다. 배울 게 없었던 전 직장과 달리 스타트업에서 생산관리 업무를 제대로 배우고 싶었다. 붙임성이 좋은 미라 씨는 생산라인에서 일하는 '여사님들'과 이주노동자들에게도 밝게 인사하며 지냈다.

이사가 회사 운영을 총괄했고 부장 두 명이 관리자로 일했다. 직속 상사인 부장은 다른 직원들과 같이 있을 때는 상냥했지만, 둘만 있을 때나 통화할 때는 함부로 대했다. 그는 미라 씨에게 특정인을 지목하며 그 사람과 한 이야기를 모두 보고하라고 했다. 또한 생산직에게 먼저 인사하지 말라고 했다. 미라 씨가 어려 생산직에 휘둘릴까봐 걱정되기 때문이라고 했다.

부장은 생산동에 내려가면 노동자들에게 악쓰고 욕설을 섞어서 업무를 지시했다. 생산동에서 일하는 사람들은 부장을 싫어했다. 미라 씨는 부장의 지시를 이해할 수 없었고 불합리하다고 느꼈다. 자신에게 주어진 업무만 충실히 하면 된다고 생각했다. 그는 부당한 지시를 따르지 않았다.

어느 날이었다. 새로운 제품을 생산하는 과정에서 생산직 노동자들이 헷갈리는 바람에 문제가 생겼다. 이사에게 질책받은 부장은 생산현장에 있는 미라 씨를 보자마자 "이런 것도 몰랐어요? 상자 확인도 안 했어요? 나를 일부러 엿 먹이려고 그런 거 아니에요?"라며 소리쳤다.

미라 씨는 자초지종을 설명했다. 자신이 무엇을 잘못했는지 이야기해달라고 했지만, 부장은 "모르면 됐어요. 가보세요"라고 했다. 이후 부상은 미라 씨와 나눠서 함께 하던 업무에서 손을 뗐다. 업무 부담을 가중하려는 의도였다. 작은 회사에서 그는 혼자 더 많은 일을 감당했다.

어느 날 갑자기 이사는 회의 시간에 미라 씨에게 부서 이동을 통보했다. 징계위원회나 어떤 절차도 없이 주임에서 사원으로 강등시켰다. 이사에게 문제를 제기했더니 "너와 트러블이 있다고 부장을 보낼 수는 없지 않느냐"고 했다. 이사가 한 직원에게 미라 씨는 불편한 사람이라고 말했다는 소문도 돌았다. 평소같이 밥도 잘 먹고 즐겁게 지내던 신입사원들마저 갑자기 그녀를 멀리했다. 폭력보다 무서운 은근한 따돌림이 시작됐다. 숨이 막혔다. 더는 견딜 수 없었다. 미라 씨는 사직서를 썼다.

대놓고 따돌리거나
은근하게 따돌리기

"사장 주관으로 전체회의를 하는데 저만 쏙 빼놓았습니다. 팀장님이 보다 못해 저도 회의에 참석하라고 해서 회의실에 갔더니 사장이 저 보고 '넌 왜 왔어? 누가 오래? 너 때문에 자리 부족하잖아?'라고 말 했습니다. 사장이 제 위의 팀장님을 불러 제 욕을 계속합니다. '쟤는 언제 나간대? 빨리 나갔으면 좋겠다. 쟤는 이것도 못하고 저것도 못 하고 이래서 별로고 저래서 별로고⋯' 이런 식으로 험담을 합니다. 업무상 잘못이 있으면 혼나는 것이 당연하지만, 사람을 깎아내리고 악의적으로 험담을 하는데 어떻게 해야 할까요?"

고용노동부가 발표한 '직장 내 괴롭힘 판단 및 예방·대응 매뉴얼'에는 "집단적으로 따돌리거나, 정당한 이유 없이 업무와 관련된 중요한 정보 또는 의사결정 과정에서 배제하거나 무시하는 행위"와 "다른 직원들 앞에서 또는 온라인상에서 모욕감을 주거나 개인사에 대한 소문을 퍼뜨리는 등 명예를 훼손하는 행위"는 직장 내 괴롭힘에 해당한다고 명시돼 있다. 따돌림을 당한 경우 특히 다음의 '직장 내 괴롭힘 대처 10계명'을 명심하자.

〈직장 내 괴롭힘 대처 10계명〉

① 내 탓이라고 생각하지 않는다.

② 가까운 사람과 상의한다.

③ 병원 진료나 상담을 받는다.

④ 갑질 내용과 시간을 기록한다.

⑤ 녹음, 동료 증언 등 증거를 남긴다.

⑥ 직장 내 괴롭힘 금지가 취업규칙에 있는지 확인한다.

⑦ 회사나 고용노동부에 신고한다.

⑧ 유급휴가, 근무장소 변경을 요구한다.

⑨ 보복 갑질에 대비한다.

⑩ 노조 등을 통한 집단적인 대응 방안을 찾는다.

2019년 7월 16일 직장 내 괴롭힘 금지법이 시행된 이후 폭행, 폭언이 줄어든 대신 은근한 따돌림이 늘었다. 대놓고 따돌리는 경우와 달리 녹음을 해도 증거를 남기기 힘든 '은따'.

"5명의 동료들이 저를 따돌리고 함부로 대하거나 방관으로 대했고, 저는 명확한 이유조차 모른 채 당하고 그냥 혼자서 지냈습니다. 밥도 거의 혼자서 먹고, 일적인 대화 외에는 그 누구와의 소통도 없었습니다. 매일매일이 너무나 괴로웠고 그만두고 싶다는 생각으로 하루하루를 버텼습니다. 한 주간의 시작을 앞둔 일요일 밤이면 베개가 젖을 정도로 울고 새벽까지 잠도 거의 잘 수 없었습니다. 그러나 가까운 친구들에게 하소연하는 것 이외에 저 혼자의 힘으로는 그 상황을 개선할 어떤 방도도 찾지 못했습니다."

사람의 마음에 남는 상처는 폭언과 다르지 않다. 유럽의 직장 내 괴롭힘 연구에 따르면, 괴롭힘으로 상처를 받은 사람에게 타이레놀을 처방했더니 고통이 줄어들었다고 한다. 주먹으로 맞은 고통과 따돌림으로 입은 상처가 다르지 않다는 뜻이다.

보
복

부당해고 복직, 그 후

희진 씨는 대한민국재향군인회 ○○구회에서 사무·회계 업무를 10년째 하고 있다. 2009년 입사한 그는 큰 불만 없이 지내왔다. 그런데 새로 취임한 구회 회장이 평소 가까웠던 사람을 사무국장으로 부른 뒤부터 평화가 깨졌다. 사무국장은 회장 뜻이라고 그에게 그만둘 것을 요구하며 몇 달 동안 괴롭혔다. 그는 억울하고 분했다. 재향군인회를 상대로 부당해고 구제신청을 냈고, 승소해 복직했다.

복직 후 어느 날이었다. 사무국장은 급여결의서를 쓸 때 급여 대장에 활동비 내용을 넣으라고 했다. 회계 담당자인 그는 규정상 활동비 내용은 별도 결의서를 써야 한다고 했다. 사무국장은 "회계 책임자인 국장이 하라면 하지, 뭘 그렇게 안 되는 이유를 구구절절 말하는 거야? 어디 건방지게 국장 앞에서 토를 달아?"라며 30분간 소리쳤다. 규정을 어기라는 막무가내 지시와 고함에 희진 씨는 참았던 눈물을 쏟았다. 사무국장은 시회 총무차장과 통화했고, 활동비 내용을 급여결의서에 넣으면 불법이라는 답변을 들었다. 희진 씨의 억울함은 풀렸지만 사무국장의 사과는 없었다.

사무국장의 갑질은 계속됐다. 9년 동안 쓰고 있는 자리를

희진 씨와 상의도 없이 옮기라고 했다. 허리 숙여 공손한 자세로
결재를 받으라고도 했다.

그러던 어느 날, 사무실 컴퓨터가 느려 포맷을 하기로 했다.
며칠 뒤 사무국장은 컴퓨터 즐겨찾기에 협회 그룹웨어가 없다며
"즐겨찾기가 없어지면 과장이 알아서 백업을 해놔야지, 그런 기
본도 없느냐?"고 했다. 자신이 컴퓨터를 모른다고 골탕 먹이려
일부러 그런 거라며 "×팔, 참는 데도 한계가 있다"고 소리쳤다.
참다못한 그가 "국장님이 뭘 그리 참으셨냐?"고 대들었다. 사무
국장은 쌍욕을 내뱉었다. 그는 생명에 위협을 느꼈다. 112에 신
고하고, 구회 회장에게 전화로 보고했다.

출동한 경찰은 인사권이 있는 상급회에 즉시 이 사실을 알
리고 조속한 근무지 변경과 해결 방안을 요청하라고 했다. 구회
회장은 지난일은 덮고 오늘부터 새로 시작하는 마음으로 하자
고 희진 씨를 회유했다. 사무국장은 막말을 하지 않겠다고 약속
했다.

사과는 오래가지 않았다. 사무국장은 계속 모욕을 주고 괴
롭혔다. CCTV를 설치해 그를 감시했다. 성적 모욕과 성희롱도
끊이지 않았다. 그는 심한 불안과 우울 증세로 정신과 치료를 받
았다.

그는 상급단체인 시회와 본회에 언어폭력, 성희롱, 위계에
의한 갑질을 공정하게 처리해달라고 진정했다. 시회는 "상호 주

장이 상반돼 처분 결정을 유보했고, 귀하께서 법적 소송을 제기해 범법 행위가 드러날 경우 규정대로 처분하겠다"며 사무국장에게 구두 경고를 하는 것으로 끝냈다. 최상급단체인 본회는 "귀하의 심적인 고충과 어려움에는 충분히 공감되지만 현재로서는 법 규정상 시군구의 임직원에 대한 인사권이 있는 ○○구회장과 ○○시회장의 결정에 따를 수밖에 없는 상황"이라는 답변을 보냈다. 결론은 쌍방이 경위서를 쓰는 것이었고, 희진 씨의 사유는 '조직체계 문란'이었다. 심지어 희진 씨만 인사발령이 났다.

보복하는 2차 갑질

직장갑질119 제보자들은 폭행·폭언·괴롭힘 등 1차 갑질보다, 신고했다는 이유로 보복을 당하는 2차 갑질을 더 두려워했다. 임원에게 상사의 갑질을 신고했더니 참으라고 한다거나, 해당 상사에게 알려져 더 괴롭힘을 당한다는 제보가 적지 않았다. 회사 때려치우고 고용노동부에 신고할 용기가 없으면 참는 수밖에 없다고 한탄했다.

경영진이 암세포와 같은 직장갑질의 심각성을 인식하고 초기에 바로잡으면 회사조직은 건강해지지만, 갑질 신고를 방치하거나 무시하면 직장 내 괴롭힘은 독버섯처럼 조직 전체에 퍼져 나가, 급기야 신고자에 대한 보복으로 이어진다. 직장갑질 신고 자가 보복, 불이익, 불리한 처우를 당하는 것을 보게 된 동료들 은 불법을 보고도 입을 다물게 되고, 조직 전체로 '갑질 암세포' 가 퍼져나간다.

직장 내 괴롭힘 금지법은 신고해도 갑질 가해자를 처벌하 지 않는 반쪽짜리 법이다. 호주의 한 카페에서 일하던 브로디라 는 여성은 남성 직원들에게 괴롭힘과 학대, 모욕을 당하다 친구 에게 "모두 끝났어. 할 만큼 했어"라는 말을 남기고 건물 옥상에 서 뛰어내려 숨졌다. 국민들의 분노가 들끓었고, 직장 내 괴롭힘 가해자에게 최대 징역 10년 형을 내릴 수 있는 법이 제정됐다. 우리나라도 직장 내 괴롭힘 가해자 처벌 조항을 신설해야 한다 는 여론이 높다.

직장갑질 문제를 기업인의 '양심'에 맡겨놓지 말고 정부가 바로잡아야 한다. 회사에 신고했다가 방치했거나 불이익을 당한 직장인들이 고용노동부에 신고를 한 경우, 전체 직원에 대한 무 기명 설문조사와 불시 근로감독을 통해 '보복 갑질'을 근절해야 한다.

Q&A | 직장 내 괴롭힘
괴롭힘은 범죄다

근로기준법 제76조의2(직장 내 괴롭힘의 금지)에 따르면 직장 내 괴롭힘은 "직장에서의 지위 또는 관계 등의 우위를 이용하여 업무상 적정범위를 넘어 신체적·정신적 고통을 주거나 근무환경을 악화시키는 행위"로 명시되어 있다.

괴롭힘은 누군가를 생사의 경계로 떨어뜨리는 범죄다. 화목하고 평온한 가정에서 자란 딸도, 씩씩하고 용감하게 키운 아들도 안전하지 않다. 직장 상사의 막말이 칼보다 날카롭게 심장을 베고, 회사 대표의 모욕이 창보다 뾰족하게 폐부를 찌른다. 폭언과 협박은 존엄을 짓밟고, 멸시와 비하는 자존을 뭉갠다. 자살률 세계 1위 대한민국, 재난이 되어버린 직장갑질, 두려움에 떠는 회사원들… 직장 내 괴롭힘을 당하고 있다면 제대로 대처하자.

1. 직장 내 괴롭힘을 당했다면?

근로기준법 제76조의3(직장 내 괴롭힘 발생 시 조치)에 따라 ①누구든지 직장 내 괴롭힘 발생 사실을 알게 된 경우 그 사실을 사용자에게 신고할 수 있다. 사용자는 ②신고 접수 시 지체 없이 사실 확인 조사 ③근무장소 변경 등 피해자 보호 ④필요 시 피해자 유급휴가 명령 ⑤사실 확인 시 피해자 의견 수렴, 행위자 징계(분리) ⑥신고자 불리한 처우 금지 등 '직장 내 괴롭힘 발생 시 조치'를 해야 한다. ⑥항을 위반할 경우 3년 이하 징역형을 받을 수 있다. 만약 회사가 신고사건을 제대로 처리하지 않거나, 피해자 또는 신고자에게 불이익을 줬다면 고용노동부에 신고(진정 또는 고소)하면 된다. 괴롭힘 행위자가 사용자일 경우에는 고용노동부에 신고하면 된다.

2. 직장 내 괴롭힘 금지법은 모든 사업장에 적용되나?

5인 이상 사업장은 모두 적용된다. 산업안전보건법과 산업재해보상보험법은 1인 이상 모든 사업장에 적용되기 때문에 "직장 내 괴롭힘 등 업무상 정신적 스트레스가 원인이 되어 발생한 질병"의 경우 산업재해로 인정받게 된다. 10인 이상 사업장은 직장 내 괴롭힘 대응규정을 담은 취업규칙을 작성해 고용노동부 장관에게 신고해야 하고, 개정하지 않은 경우 과태료(500만 원 이하 벌금)에 처하게 된다.

3. 직장 내 괴롭힘 금지법에 비정규직은 적용 대상이 아닌가?

비정규직도 포함된다. 직접 근로계약을 체결한 기간제(계약직) 노동자는 물론 사용사업주의 지휘하에 있는 파견노동자도 법 적용 대상이다. 단 사내하청, 특수고용 노동자가 원청회사 사용자나 직원에게 괴롭힘을 당했다면 고용노동부에 신고하는 게 좋다.

4. 직장 내 괴롭힘으로 신고했다가 회사가 괴롭힘이 없었다고 결론 내릴 경우 무고죄나 명예훼손으로 소송을 당할 수도 있나?

우려는 있다. 그러나 허위사실이 아니고 직장 내 괴롭힘으로 의심할 사유가 있었다면 무고죄나 명예훼손죄는 성립하지 않는다. 이런 경우를 대비하여 증거 수집을 잘해두어야 한다.

5. 어떤 게 직장 내 괴롭힘의 증거가 될 수 있나?

욕설이나 모욕적인 언행의 경우 대화 내용을 녹음하면 좋다. 당사자가 참여한 대화 녹음은 불법이 아니다. 부당한 지시가 담긴 문서나 메일, 사진 등을 저장해놓으면 된다. 카카오톡 등 대화방, SNS로 언어폭력이 있었다면 저장해놓아야 한다. 직장 내 괴롭힘이 있었던 상황을 구체적으로 기록하고, 상황을 목격한 동료들의 증언을 녹음해놓으면 도움이 된다. 사건 당시의 증거가 없다면 가해자에게 전화를 걸어 폭언 등 당시 상황에 대해 대화를 나누고 녹음하면 된다.

직장 내 괴롭힘

30가지 유형

유형	구체적 행위
신체적 괴롭힘	1. **폭행** 신체에 대하여 폭행하거나 협박하는 행위 2. **위협** 물건이나 서류 등을 던지려고 하거나 던지는 행위
언어적 괴롭힘	3. **폭언** 욕설이나 폭언 등 위협적인 언행을 하는 행위 4. **모욕** 다른 직원들 앞에서 또는 온라인상에서 모욕감을 주는 행위 5. **협박** 업무상 불이익을 주겠다며 겁박하는 행위 6. **비하** 외모, 연령, 학력, 성별 등을 이유로 모멸감을 주는 행위 7. **비교** 특정 직원과 비교하거나 차별적인 발언을 하는 행위
업무적 괴롭힘	8. **무시** 합리적 이유 없이 업무능력이나 성과를 인정하지 않거나 무시하는 행위 9. **전가** 본인 업무를 부하직원에게 반복적으로 전가하는 행위

업무적 괴롭힘	10. **차별** 훈련, 승진, 보상, 일상적인 대우 등에서 차별하는 행위 11. **잡일** 합리적 이유 없이 일을 주지 않거나 허드렛일을 시키는 경우 12. **배제** 업무와 관련된 정보나 논의 과정에서 배제하거나 무시하는 행위 13. **차단** 합리적 이유 없이 특정인에게 비품(PC,전화 등)을 제공하지 않거나 사내 인트라넷 접속을 차단하는 경우 14. **차별** 특정인에 대해서만 복리후생(휴가 등)을 제공하지 않는 행위 15. **위험** 합리적 이유 없이 건강에 해롭거나 위험한 작업을 강요하는 행위 16. **반성** 적정범위를 넘거나 차별적으로 경위서, 시말서, 반성문, 일일업무보고를 쓰게 하거나, 업무상 필요성이 없는 독후감을 쓰게 하는 행위 17. **태움** 업무를 가르치면서 학습능력 부족 등을 이유로 괴롭히는 행위 18. **건의** 정당한 건의사항이나 의견을 무시하는 행위 19. **감시** 일하거나 휴식하는 모습을 감시하는 행위 20. **야근** 야근, 주말출근 등 불필요한 추가 근무를 강요하는 행위 21. **SNS** 업무시간 이외에 전화나 온라인으로 업무를 지시하는 행위
업무 외 괴롭힘	22. **회식** 회식, 음주, 흡연 또는 금연을 강요하는 행위 23. **후원** 특정 종교나 단체의 활동 또는 후원을 요구하는 행위

업무 외 괴롭힘	24. **공연** 회사 행사에서 원치 않는 장기자랑, 경연 대회 등을 요구하는 행위 25. **행사** 체육행사, 단합대회 등 비업무적인 행사 를 강요하는 행위 26. **모임** 동호회나 모임을 만들지 못하게 하거나 강제로 가입시키는 행위 27. **심부름** 업무와 무관한 개인 심부름 등 사적인 용무를 지시하는 행위 28. **간섭** 사적인 영역(생활방식, 가정생활 등)에 지나 치게 개입하는 행위
집단적 괴롭힘	29. **따돌림** 상사나 다수 직원이 특정한 직원과 대 화하지 않거나 따돌리는 행위 30. **소문** 근거 없는 비방, 소문, 누명을 생산 또는 확산하는 행위

5

부당지시

사적용무 지시

대학원생 연구비 강탈하는 교수

대학에서 공학을 전공한 형우 씨는 서울에 있는 한 사립대 대학원 석박사 통합과정에 입학했다. 사람을 살리는 신약 개발 연구를 하고 싶었다. 연구원으로 기업이나 정부의 프로젝트에 참여하면 학비와 생활비를 보탤 수 있었다.

연구실에는 선임인 방장 아래 10여 명의 연구원이 있었다. 형우 씨는 프로젝트에 참여해 연구비를 받을 은행 통장을 만들었다. 방장은 연구원들의 통장을 걷어 관리했다. 비밀번호까지 알려주어야 했다. 연구실에서 생활한 지 3개월쯤 됐을 때다. 교수가 방장에게 60만 원을 찾아오라고 했다. 방장은 통장을 들고 은행을 다녀왔다. 그는 방장이 교수의 은행 심부름을 한다고 생각했다. 그런데 뭔가 좀 이상했다. 방장은 교수가 대학원생 연구비를 가져가는 것이라며 한탄하듯 말했다. 너도 때가 되면 하게 될 거라고 했다.

1년 6개월 정도 지났다. 형우 씨 통장에는 연구비가 2,000만원 넘게 쌓였다. 어느 날 방장이 증권회사 통장을 만들어 1,000만 원을 이체하라고 했다. 그는 군말 없이 돈을 보냈다. 증권회사 통장의 돈을 교수가 가져갔을 것이라는 얘기가 떠돌았지만, 그는 물어볼 수 없었다.

2017년 11월이었다. 방장이 교수 지시로 통장에서 돈을 찾았다고 했다. 확인해보니 11월 10일 형우 씨 통장에서 400만 원이 지도교수 계좌로 이체되어 있었다. 일주일 뒤인 17일에는 400만 원이 현금으로 인출됐고, 21일과 24일엔 각 500만 원씩 현금 1,000만 원을 뽑아갔다. 통장 잔액은 4만 원. 그는 충격을 받았다. 아무리 박사 학위가 중요해도 연구비 강탈이 버젓이 일어난다는 것을 받아들이기 힘들었다. 선배들은 어쩔 수 없는 일이라고 했다.

2016년 봄이었다. 지도교수는 연구원 5명에게 동물실험 프로젝트를 시켰다. 생쥐에게 스트레스를 받게 한 뒤 멜라토닌을 처치했을 때 생쥐 면역세포의 활성화를 확인하는 실험이었다. 실험은 6개월 동안 지속됐다. 그는 실험 데이터를 분석한 뒤 보고서를 작성해 교수에게 전달했다. 2017년 가을 연구논문이 나왔다.

5명이 동원된 이 프로젝트는 교수 딸의 대학원 입학을 위한 것이었다. 교수는 그에게 딸 논문을 위한 거니까 너무 힘들게 하지 않아도 된다고 했다. 형우 씨는 실험이 끝나고 인증샷을 찍을 때 말고는 딸이 연구에 참여한 것을 본 적이 없다.

한 선배는 교수 아들의 대학원 입학 자기소개서와 포트폴리오를 썼다. 한 연구원은 교수 딸의 대학 봉사활동으로 책 한 권을 타이핑했다. 자녀 사랑이 극진한 교수는 대학원생들을 가

만히 두지 않았다. 자녀가 유치원생 때는 등하교를 시켰고, 초등
학생 때는 그림일기를 대신 쓰게 했으며, 중·고등학생 때는 책
을 던져주고 독후감을 쓰게 했다. 비참했지만 졸업과 학위를 위
해서는 어쩔 수 없었다고 했다.

'학습'으로 둔갑한 노동

대학 사회에서 교수의 비리와 갑질은 하루 이틀 이야기가
아니다. 연구실의 절대 권력 앞에선 인격이나 존엄 따윈 없었다.
폭언과 모욕, 인격 비하에 시달린다. 교수의 압박에 툭하면 밤을
새우고, 빨간 날에도 연구실에 나와야 한다.

전국에 대학원생 수는 무려 33만 명이 넘는다. 고액 등록금
과 쥐꼬리만 한 장학금도 문제지만 무엇보다 가장 지성적이어
야 할 대학에서 각종 교수 갑질, 성폭력, 연구 저작권 강탈, 노동
착취가 만연한 것은 심각한 문제다. 정부 연구개발 예산의 22퍼
센트인 4조 3,000억 원이 대학에서 쓰이지만, '절대반지'를 가진
교수 앞에서 대학원생의 노동은 '학습'으로 둔갑한다.

정부는 대학원생 인건비 유용을 막기 위해 학과 차원에서
인건비를 한데 모아 일괄 관리하고 지급하는 방안을 마련하고,

대학이 대학원생들과 근로계약을 정식 체결하는 제도 도입을 검토하기로 했다. 하지만 법과 정부는 멀고 교수 갑질은 가깝다.

직장갑질119와 대학원생노조가 노동전문가, 노무사, 변호사들과 함께 '대학원생119'라는 온라인모임을 만들었다. 개인정보를 철저히 보호하면서 교수의 갑질과 비리를 제보하게 해 대학원생의 권리를 찾아나가는 모임이다. 교수가 독재하는 왕국 대학원에 민주화의 새바람이 불었으면 좋겠다.

직원을 머슴으로 아는 사장들

2019년 11월 박찬주 전 육군 대장이 기자회견을 열어 공관병 갑질 논란에 대해 입장을 밝힌 바 있다.

"감나무에서 감을 따게 했다는 둥, 골프공을 줍게 했다는 둥 사실인 것도 있습니다. 그러나 사령관 공관에는 공관장이 있고 계급은 상사입니다. 상사는 낮은 계급이 아닙니다. 감 따는 것은 사령관의 업무가 아닙니다. 공관에 있는 감을 따야 한다면 공관병이 따야지 누가 따겠습니까."

그는 "부모가 자식을 나무라는 것을 갑질이라 할 수 없고 스승이 제자를 질책하는 것을 갑질이라고 할 수 없듯이, 지휘관이 부하에게 지시하는 것을 갑질이라고 표현하는 것은 적절하지 않다"라고 주장했다.

정부는 '공공분야 갑질 근절을 위한 가이드라인'을 발표하며 갑질의 정의를 "사회·경제적 관계에서 우월적 지위에 있는 사람이 권한을 남용하거나, 우월적 지위에서 비롯되는 사실상의 영향력을 행사하여 상대방에게 행하는 부당한 요구나 처우를 의미한다"고 밝혔다. 박찬주 전 대장의 행위는 명백한 갑질이다. 고용노동부의 직장 내 괴롭힘 예방 매뉴얼에도 "사적 심부름 등 일상생활과 관련된 일을 하도록 지속적·반복적으로 지시"하는 행위를 직장 내 괴롭힘 행위로 명시하고 있다.

직장갑질119에는 △옥수수 갑질(대표 밭의 옥수수 수확과 판매 지시) △농사 갑질(업무와 무관한 농사 및 농산물 판매 강요) △선거운동 갑질(공공기관 이사가 선거에 출마하자 선거운동 지시) △음료수 갑질(배송기사 사수가 부사수에게 폭언, 고객이 주는 음료수도 못 마시게 함) △호출 갑질(쉬는 날 가족과 워터파크에 간 직원을 도중에 돌아오라고 지시, 폭언) △분리수거 갑질(대표 집 쓰레기 분리수거 동원) △서약서 갑질(계약갱신 조건으로 "소장이 시키는 모든 일에 복종한다"는 각서 강요) △간병 갑질(소장이 입원하자 간병을 하라며 병원으로 출근할 것을 지시) 등 회사가 직원을 노예처럼 부려먹는 '박찬주 갑질' 유사 사례가 적지 않았다. 직장 내 괴롭힘 금지법 시행으로 조금씩 줄어들고 있지만, 여전히 직원을 머슴으로 부려먹는 악질 사장들이 적지 않다.

현재 관리자 직급은 대개 1980년대 학교와 군대를 다니고 1990년대 직장에 들어간 세대다. 군사독재 30년의 결과로 당시에는 학교와 직장도 병영처럼 폭력적·위계적·수직적 방식으로 운영됐다. "까라면 까"라는 상명하복으로 회사 업무를 배웠다. 직장 내에서 성희롱·성추행이 버젓이 벌어졌고, 폭행과 폭언은 일상이었다. 휴가를 마음대로 쓰는 건 상상할 수 없는 일이었다. 회사는 인생의 전부였다. 그렇게 30년이 흘렀다. 20대는 50대가 됐고, 평사원이 관리자로 승진했다. 이제 직장 내 성희롱 예방교육이 의무교육이 됐고, '미투운동'이 벌어졌고, 직장 내 괴롭힘 금지법이 시행됐다. 과거의 향수에 젖어 지내는 '나때족'(나 때는 말이야) 상사들이 위험하다. 시대가 바뀌었다. 갑질 감수성을 키워야 한다.

감시

회사는 항상
당신을 지켜보고 있다

희영 씨는 공공기관에 계약직으로 입사해 마케팅 업무를 맡았다. 판매량이 전년 대비 큰 폭으로 늘었고, 처음으로 해외 유통에 물꼬를 트는 성과를 거뒀다. 재계약 시점, 그는 자신 있게 성과 보고서를 제출했다.

어느 날이었다. 인사팀에서 '근무시간 준수 주의 알림'이라는 제목의 전자우편을 보냈다.

> "귀하는 규정에 따라 근무시간을 준수하여야 합니다. 그러나 ○월 ○일 출근시간 09:02로 2분 지각하였습니다. 근무시간 준수 주의를 드리니 앞으로 주의하시기 바랍니다."

전자우편에는 지각 날짜와 시간이 적혀 있었다. 대부분 5분 이내였다. 인사팀에서 어떻게 1~2분 지각을 정확히 알았는지 의심스러웠다. 인사팀 자리는 직원들이 드나드는 모습을 볼 수 없는 구조였고, 출퇴근 카드를 사용하지 않는데 관리자가 1~2분 지각을 기록할 수는 없었다. 뭔가 짚이는 게 있었다. CCTV였다.

CCTV는 회사 사무실 출입구에 설치돼 있었고 팀장 책상에 모니터가 있었다. 지각하면 분 단위로 월급을 깎았다. 5분 일찍 점심을 먹으러 간 팀장, 10분 먼저 퇴근한 직원은 소명자료를 제출하라는 경고 전자우편을 받았다.

다른 공간에서 일하는 직원들을 만났다. 오전에 간단히 간식을 먹었는데, 오후에 팀장이 지나가며 간식이 맛있었냐고 물었다고 했다. CCTV로 건물 내 모든 직원의 일거수일투족을 감시하는 것이었다. 소름이 끼쳤다.

회사는 CCTV를 설치한 뒤 한참 지나 직원들에게 '영상정보처리 동의서'를 돌려 반강제로 서명하라고 했다. 동의서에는 CCTV가 도난·화재 방지 목적으로 설치되었다고 적혀 있었지만, 카메라는 직원의 일상을 노려보고 있었다.

〈트루먼 쇼〉 주인공이 된 직장인들

"저는 현재 수영장에서 일하는 수영강사입니다. 수영장 내 안전을 위해 설치된 CCTV가 두 대 있는데 한 대는 메인풀, 또 한 대는 유아풀을 비추고 있어야 합니다. 하지만 유아풀을 비추어야 하는 카메라가 강사실을 비추고 있어 강사들의 근무태도와 자리를 지키고 있는지 감시하는 용도로 사용되고 있습니다. 특히 여자 강사들의 수영복 차림 등이 고스란히 찍혀 한 강사는 수치심과 극도의 스트레스를 받는 상태입니다. 또한 하루 종일 강사실을 비추고 있으니 유아풀 안전사고 시 CCTV의 역할이 무의미해져 안전에도 문제가 될 것 같습니다."

"저희 회사는 매장을 운영하고 있습니다. 매장 곳곳에 CCTV를 설치하여 실시간으로 핸드폰, 노트북으로 감시를 합니다. 자세를 지적하기도 하고, 왜 모여서 잡담을 하느냐, 왜 앉아 있느냐 하고 사사건건 전화를 걸어 물어봅니다."

CCTV 설치는 △범죄예방·수사 △시설안전·화재예방 △교통단속 △교통정보 수집·분석을 목적으로 해야 한다. 이와 같은 목적으로 공개된 장소에 CCTV를 설치하는 경우에는 설치 목적 및 장소, 촬영 범위 및 시간, 관리책임자 등을 정하고 안내판을 설치해야 한다. 즉 회사 측에서 도난·화재 방지 목적으로 CCTV를 설치했다면 직원들에게 도난방지용으로 설치했다는 사실을 알려야 한다. 도난방지 목적으로 설치된 CCTV를 근태 관리 등 직원 감시용으로 사용했다면 개인정보보호법 위반으로 3년 이하 징역 또는 3,000만 원 이하 벌금형에 처하게 된다.

일반인이 자유롭게 드나들 수 없는 비공개 장소인 사무실 자리에 업무 감시용 CCTV를 설치하기 위해서는 개인정보보호법 제15조(개인정보의 수집·이용) 제1항 제1호에 따라 사전에 감시 대상자의 동의를 받아야 한다. 반대 의사를 표시했는데도 CCTV를 설치했다면 5,000만 원 이하의 과태료를 부과받게 된다.

그러나 여전히 법은 멀기만 하다. 정보기술 발전으로 CCTV가 저렴해졌고 설치가 쉬워졌다. 사장님은 출퇴근 승용차에서, 안방 침대에 누워, 골프장 라운딩 도중 스마트폰으로 직원을 감시한다. 숭고한 노동이 발가벗겨지고, 소중한 인권이 해부된다. 진정성은 거세되고 자발성은 뿌리 뽑힌다. 딱 그만큼 기업의 경쟁력과 생산성은 퇴보한다. 도난과 화재를 감시해야 할 CCTV가 악질 사용자의 손에 쥐여져 직원을 다스리는 채찍으로 변했다.

감시하지 않으면 일을 안 한다고? 대통령 집무실에 CCTV를 설치해 국민과 야당이 스마트폰으로 하루 일과를 감시하면, 대통령의 생산성은 높아지고 더 좋은 나라가 될까?

업무보고

30분 간격 업무보고, 새벽 3시 퇴근

부서가 바뀌기 전까지 수진 씨는 회사에 불만이 별로 없었다. 팀에서 갈등이나 어려움이 생기면 부서 이사와 소통해 문제를 해결했다. 맡은 업무를 얼마나 잘 수행하느냐로 평가하는 회사였고, 갑질이나 괴롭힘 때문에 스트레스 받는 일도 없었다.

얼마 전 갑작스레 부서가 바뀌었다. 수진 씨는 새로운 팀장과 일하게 됐다. 새 팀장에게 적응하는 데 어려움이 있겠지만 그동안 회사의 신뢰를 받았기에 걱정되지는 않았다.

어느 날 점심시간이었다. 팀장이 수진 씨에게 업무지시를 했다. 수진 씨는 점심 먹고 와서 처리하겠다고 했다. 지금까지 식사 시간을 방해받은 적이 없었고, 취업규칙이나 법에서 보장하는 점심시간만큼은 자유롭게 쓰고 싶었다. 그러나 팀장의 생각은 다른 것 같았다. 식사하러 나가는 수진 씨에게 눈치를 줬다. 아무래도 안 되겠다고 생각한 수진 씨는 부서를 책임지는 이사에게 면담을 요청했다.

이사는 수진 씨와 면담 뒤 조처하겠다고 했다. 수진 씨는 다행이라고 생각하며 자리로 돌아왔다. 한참 통화하고 돌아온 팀장이 수진 씨에게 오더니 소리를 질렀다. 거짓말 잘하는 고자

질쟁이라고 했다. 이것도 이사한테 일러바치라고 했다. 사무실 직원들이 보는 앞에서 점점 언성을 높이며 모욕을 줬다.

다음 날 팀장이 수진 씨를 불렀다. 업무지시서를 던져주며 30분 단위로 업무보고서를 작성해 올리라고 했다. 퇴근시간이 지난 저녁 7시 무렵, 팀장은 수신 씨에게 업무보고서를 달라고 했다. 수진 씨는 점심시간 이후 이사와 회의했고, 다른 업무를 하느라 업무보고서를 못 썼다고, 곧 작성해서 보고하겠다고 했다. 수진 씨는 늦은 밤까지 책상에 앉아 30분 단위 업무보고서를 모두 써서 팀장에게 제출했다.

'업무보고 괴롭힘'은 멈추지 않았다. 수진 씨는 업무보고를 거부할 경우 팀장이 쏟아낼 인신공격과 모욕을 견뎌낼 수 있을지 두려웠다. 팀장을 비롯해 회사의 모든 직원이 퇴근하고 대중교통마저 끊긴 시간, 그는 책상에 앉아 울면서 일했다. 스트레스로 위 장애가 생긴 지 오래였다. 새벽 3시. 팀장의 업무지시서, 30분 단위 업무보고서, 새벽까지 작성한 보고서, 그리고 사직서를 이사 책상에 두고 그길로 짐을 챙겨 회사를 나왔다.

보고서, 경위서, 시말서, 반성문…

근로기준법 제76조의2에는 직장 내 괴롭힘을 "직장에서의 지위 또는 관계 등의 우위를 이용하여 업무상 적정범위를 넘어 다른 근로자에게 신체적·정신적 고통을 주거나 근무환경을 악화시키는 행위"라고 규정한다. 팀장의 부당한 업무보고서 작성 요구는 직장 내 괴롭힘으로 회사에 팀장을 신고할 수 있다. 30 분 단위 업무보고서를 쓰게 하는 일이 '업무상 적정범위'가 될 수 없고, 새벽 3시까지 일해야 했기 때문에 '근무환경을 악화'시키는 행위이며, 업무보고 때문에 스트레스로 위 장애가 왔으니 '신체적·정신적 고통'을 주는 행위에 해당한다.

하지만 팀장 입장에서는 업무상 필요해서 지시했고, 수진 씨가 새벽까지 일한 것도 업무능력이 부족했기 때문이라고 반박할 수 있다. 입증하기 어려운 점을 이용해 법의 선을 넘지 않으면서 모욕감을 주는 것이다. 이런 예는 직장생활에서 흔하게 일어난다.

"기관장께서 왜 바로 보고하지 않았냐고 시말서를 쓰라고 하셨습니다. 시말서를 제출했는데 불충분하니 더 보완하라고 세 번이나 말씀하셨습니다. 앞서 다른 직원도 시말서를 쓰고 퇴사했는데, 기관장이

5 부당지시

145

시말서를 요구한 이유가, 직원이 스스로 인정했다는 증거자료를 남기기 위해서라고 말씀하셨던 것을 기억하고 있습니다. 시말서를 하루에도 몇 번씩 강요하셨고 인사담당 직원이나 부하직원이 있는 상황에서 제가 뭘 잘못했는지, 제가 얼마나 회사에 손해를 끼쳤는지 생각하고 자아성찰하며 작성하라고 모욕감을 주었습니다.

보고서, 경위서, 시말서, 반성문, 독후감… 상사가 부하직원에게 강요하는 문서의 이름이 차고 넘친다. 모욕감을 느끼게 만들고, 정당한 업무지시인 것처럼 위장해 직장 내 괴롭힘 규정을 피해가고, 스스로 잘못을 인정하게 해서 징계 수단으로 활용하기도 한다.

그러나 대법원은 시말서를 사건경위를 알리기 위해서가 아니라 마치 반성문처럼 쓰도록 강요하는 것은 양심의 자유를 침해하는 것이라고 판단하고 있다(대법원 2010년 1월 14일 선고, 2009두6605 판결). 월급 주니까 뭐든지 시킬 수 있다고 생각한다면, 지금 몇 세기에 살고 있는지 물어보자. 직원은 회사의 동반자다. 노비가 아니다.

Q&A | **부당지시**
까라면 까

군대문화에 더해 기업을 개인 소유로 여기고 세습하는 족벌주의가 한국형 직장갑질을 키웠다. 남의 귀한 자식 함부로 대하고, 잡일 시키고, 감시하는 문화가 좀처럼 바뀌지 않는다. AI가 사람을 대신하는 시대. '까라면 까'라는 기업문화가 경쟁력을 가질 수 있을까? 강요와 협박으로 수동적인 직장인을 복제하던 시절은 지났다. 존중하고 배려하는 문화로 직원들이 주체적으로 창의성을 발휘하고 협동하는 기업이 생존하는 시대다.

1. 근로계약서에 명시되지 않은 업무를 시키면 어떻게 해야 하나?

근로기준법 제17조(근로조건의 명시)에 따라 사용자는 근로계약을 체결할 때에 근로자에게 다음 각 호의 사항을 명시하여야 한다. ①임금 ②소정근로시간 ③휴일 ④연차 유급휴가 ⑤그

밖에 대통령령으로 정하는 근로조건. 제17조를 위반할 경우 500만 원 이하의 벌금에 처할 수 있다.

근로기준법 시행령 제8조(명시하여야 할 근로조건)에도 "취업의 장소와 종사하여야 할 업무에 관한 사항"을 명시하도록 되어 있다. 근로기준법 제19조(근로조건의 위반)에 따라 "명시된 근로조건이 사실과 다를 경우에 근로자는 근로조건 위반을 이유로 손해의 배상을 청구할 수 있으며 즉시 근로계약을 해제할 수 있다."

2. 정당한 사유 없이 업무에서 배제하고 있다면?

업무에서 배제한 행위가 징계성 대기발령인지, 인사발령을 위해 일시적으로 업무를 부여하지 않은 것인지 먼저 확인해야 한다. 징계성 대기발령이라면 노동위원회에 부당대기발령 구제신청을 할 수 있다.

3. 본인이 원하지 않는 근무지로 인사발령을 냈다면?

근로계약서에 근무장소가 명시되어 있는지 확인해야 한다. 근무장소가 명시되어 있다면 타지 발령은 당사자의 동의가 있어야 한다. 근무장소가 명시되어 있지 않다면 업무상 필요성이나 생활상 불이익을 따져봐야 한다. 인사명령은 사용자의 인사권으로 폭넓게 인정되고 있지만, 업무상 필요성보다 불이익이 크다면 노동위원회에 부당전직 구제신청을 해볼 수 있다.

　직장 내 괴롭힘의 일환으로 인사발령을 냈다면, 인사명령 거부로 인한 징계를 피하기 위해 일단 인사발령에 응한 후, 직장 내 괴롭힘으로 신고하고, 인사발령 취소를 요구할 수 있다.

6

조직문화

음주 · 회식

후래자삼배와 냉면사발 폭탄주

준호 씨 회사의 임원은 회식을 중요하게 여겼다. 직원들의 화합이 중요하다며 일주일에 2~3일은 회식을 했다. 집안에 일이 있어도 회식에 빠지기 어려웠다. 출장을 온 지사 직원들도 업무가 끝나면 본사로 불러 회식에 참석하게 했다.

일과가 끝나고 회식자리에 직원 두 명이 한 시간 늦게 도착했다. 출장을 마치고 오느라 늦었다고 했다. 임원은 맥주잔 두 개를 달라고 했다. 소주를 가득 담아 두 사람에게 건넸다. '후래자삼배'(늦게 온 사람에게 술을 세 잔 마시게 하는 일)라며, 세 잔을 연거푸 따라줬다. 한 직원이 술을 잘 못 마신다고 하자, 눈을 부라렸다. 결국 둘은 말없이 세 잔을 모두 마셨다.

술자리는 1차에서 끝나지 않았다. 2차는 기본이었고 밤 12시가 넘어서 끝나는 날도 많았다. 준호 씨는 '회식지옥'에서 벗어나고 싶었다.

저축은행에 새로 부임한 한 지점장은 직원들에게 술을 강요했다. 한두 잔 정도가 아니었고, 남녀도 가리지 않았다. 업무가 끝나면 개인 사정은 아랑곳없이 술자리에 오게 했다. 회식을 거절하면 회사생활을 힘들게 만들었다. 중국집에서 회식하는 날엔 먹고 난 짜장 그릇에 소주와 맥주를 섞어 마시게 했고, 일반 식당에서는 냉면사발에 술을 말아 마시게 했다.

"회식 강요로 스트레스가 너무 심합니다. 직장 내 괴롭힘 금지법 시행 선에도 이러한 이유로 신고했던 사람이 있었는데 그 이후로 회식을 일절 하지 않겠다고 하더니, 어느 정도 시간이 지난 후에는 다시 강요하고 있습니다. 추가수당도 없고요. 사직까지 고민하고 있습니다."

음주 강요는 인격권 침해

술을 좋아하는 민족, 술에 관대한 사회라는 평계로 직장, 대학, 동네에서 회식이 넘쳐난다. 원하는 사람들끼리 모여 술을 마시고 노래방 가서 놀며 화합을 다지는 건 좋은 일이다. 그런데 지위를 이용해 회식을 강요한다. 회식에 참여하지 않았다는 이유로 따돌린다. 고용노동부의 직장 내 괴롭힘 예방 매뉴얼에도 "음주, 흡연, 회식 참여를 강요"하는 행위가 예시로 명시되어 있다.

서울고등법원은 회식 강요로 위염, 불면증, 두통 등이 생겨 치료를 받은 여성노동자가 직장 상사를 상대로 낸 손해배상 청구소송에서 배상액으로 3,000만 원을 인정했다. 법원은 피해자가 주 2회 이상 소속 부서의 책임자인 가해자가 마련한 회식자리에 참석해 새벽까지 귀가하지 못한 것은 피해자의 자발적 의사에 의한 것이 아니라 가해자의 평소 언행에 의하여 강요된 결과라고 봤다. 이로 인해 피해자가 정신적 고통을 겪었을 것임은 경험칙상 분명하다며 "부서의 책임자가 피해자에게 음주를 강요한 행위가 피해자의 인격권 등을 침해하는 행위로서 위법하다"고 판결했다(서울고등법원 2007년 5월 3일 선고, 2006나109669 판결).

술, 좋아하는 사람끼리 마시면 안 될까? 분위기 좋은 카페에서 차를 마시며 의기투합하는 일은 어려울까?

장기자랑·동호회

춤 연습하는 간호사들

한림대성심병원 간호사 혜정 씨는 1년에 한 번 열리는 '일송제'라는 재단 축제를 준비하느라 바빴다. 축제 두 달 전 병원에 일정이 공지되면 병동별로 장기자랑 및 체육대회 출전자들을 선발해 명단을 제출한다. 보통 장기자랑은 신입 간호사들에게 맡기는데 키, 얼굴, 몸매를 보고 춤 실력을 비교해 명단을 추린다. 외부에서 섭외한 댄스강사가 '몸치'라고 판단하면 외모가 뛰어나도 팀에서 나가게 된다. 장기자랑팀 관리는 수간호사와 바로 아래 책임간호사들이 하기 때문에 신입 간호사들은 더 말을 할 수 없는 상황이 된다. 병동에 처음 입사하면 제일 어려운 사람이 바로 수간호사와 책임간호사들이기 때문이다.

장기자랑 연습하는 기간, 데이 근무 간호사들은 아침 6시쯤 출근해서 오후 4시까지 일하고, 바로 내려가 연습을 시작한다. 수간호사, 책임간호사들의 감시를 받으며 연습한다. 나이트 근무 간호사들도 오후 4시까지 같은 장소에 모여 연습한 다음 8시 30분에 병동으로 돌아가 근무를 한다. 근무가 없을 때도 오후 4시까지 나와 밤 9시까지 연습을 했다.

가족행사 때문에 연습을 빠진다고 하면, 수간호사나 책임간호사는 "가족행사에 네가 꼭 필요하냐?" "연습하고 제사에 늦게 가면 되지 않느냐?" "너 하나 때문에 다들 진도를 못 나간다"며 호통을 쳤다. "이사장님 눈에 띄어야 한다" "강동성심병원은 더 빡세게 연습하는데 우리도 더 해야 한다"는 얘기를 들었고, 선배들의 감시 때문에 위축될 수밖에 없었다. 연습 도중 제대로 못한다고 크게 혼나서 한참을 울고 들어오는 신입들도 많았다.

한 달쯤 지나면 진행상황을 보고한다며 간호부장과 병원관계자들이 지켜보는 가운데 춤을 추게 했다. 장기자랑팀은 일송제 축제뿐만 아니라 병원 자체 행사 때도 동원됐다. 병원 행사에 지역 인사들과 환자들이 모였는데, 그 앞에서 춤을 추라고 했다. 신입 간호사들은 여자군대 이등병이었다.

깁스 하고
마라톤 훈련하는 이유

_____

'쿠쿠전자'에서 일하는 하정 씨는 운동에 소질이 없다. 학창시절부터 체육시간이 싫었고, 달리기를 하면 늘 꼴찌였다. 성인이 된 후 건강을 위해 요가를 하는 정도다. 그런 하정 씨가 '쿠쿠 마라톤클럽'에 가입했다. 그가 마라톤동호회 회원일 것이라고 생각한 가족과 친구는 아무도 없었다.

이 클럽에는 수도권 직원 210명 중 70퍼센트 이상이 가입했다. 이유는 간단했다. 회사의 실질적인 오너인 상무이사 때문이었다. 상무는 출전 조건이 까다롭기로 유명한 보스톤 마라톤대회에 참가할 정도로 마라톤 마니아다. 서울과 수도권을 5개 권역으로 나눠 사내 마라톤클럽을 서로 경쟁시켰다.

하정 씨와 동료들은 매주 화요일 퇴근 후 7시, 토요일 새벽 7시에 모여 마라톤 연습을 한다. 회비로 월 1만 원을 걷고, 지각 5,000원, 결석 1만 원, 무단결석 2만 원을 내야 한다. 영하 15도의 한겨울 새벽에도, 30도가 넘는 한여름 열대야에도 훈련은 계속된다. 연습이 끝나면 인증샷을 찍고, 훈련일지를 대화방에 올려야 한다. 참석한 인원과 훈련내용을 적는데, 불참자 명단까지 남긴다. 다리를 다쳐 깁스를 한 직원은 불참자 명단에 오르지 않기 위해 목발을 짚고 훈련에 참가했다. 하정 씨는 매달 회비와 벌금만 5만 원 넘게 나갔다.

본사 결정에 따라 4대 마라톤대회(동아, 춘천, 중앙, 뚝섬)는 필참이다. 동계훈련이나 춘계훈련이라는 이름으로 제주도 1박2일 원정훈련도 참석해야 한다. 교통비, 출전비, 식사비까지 모두 개인이 부담한다. 지역별 마라톤대회에 참가하면 점수를 줘 지국별로 경쟁시켰다.

마라톤대회 참석률이 부진하거나 훈련을 열심히 하지 않으면 본사 지시에 의해 다른 지역 클럽으로 이동시킨다. 토요일 새벽 직접 차를 몰고 기름값, 주차비를 물어가며 집과 멀리 떨어진 클럽에 가서 운동을 해야 했다. 회사는 월 1회 1인당 1만 원의 회식비 영수증을 본사로 보내면 지원금을 줬다.

2004년 처음 결성된 쿠쿠 마라톤클럽은 2005년 마라톤 시무식을 열었다. 언론에 음주회식문화를 빗어나 가족과 건강을 위한 새로운 회사문화를 만든다고 자랑했다. 마라톤대회에 '쿠쿠'라고 쓰인 옷을 입고, 얼굴에 '쿠쿠'를 그려 넣은 채 출전했다. 기업 단위 최다 인원 출전 기록으로 언론에 홍보됐다.

문제제기가 있었지만, 회사는 자율이라고 주장했다. 상무이사는 한 회의에서 마라톤을 하지 않는 사람에게 불이익을 줄 수야 없지만, 하는 사람에게 좋은 조건을 줄 수는 있다고 말했다.

"상사가 아무리 마라톤 마니아라고 해도 모든 직원이 마라톤을 다 좋아하는 것은 아닙니다. 운동을 하기 싫으면 안 해도 되는 당연한 권리를 찾고 싶습니다. 회사에 다른 불합리한 일들도 많지만, 마라톤만은 정말 하고 싶지 않아요. 도와주세요."

행사 강요는 직장 내 괴롭힘

근로기준법은 직장 내 괴롭힘을 "업무의 적정범위를 넘어 직원에게 신체적·정신적 고통을 주거나 근무환경을 악화시키는 행위"로 규정하고 있고, 고용노동부 직장 내 괴롭힘 예방 매뉴얼에는 "합리적 이유 없이 반복적으로 개인 심부름 등 사적인 용무를 지시하는 행위"를 괴롭힘으로 명시하고 있다. 마라톤, 등산, 체육대회 등 직원들이 원하지 않는 모임이나 행사를 강요하는 행위는 직장 내 괴롭힘에 해당한다.

폭행 또는 협박으로 사람의 권리행사를 방해하거나 의무 없는 일을 하게 한 자는 5년 이하의 징역에 처하도록 규정한 형법의 강요죄도 검토할 수 있지만, 협박이란 "해악을 고지하여 상대방에게 현실적으로 공포심을 일으키는 것"을 의미하기 때문에 단순히 거부할 경우 불이익을 주겠다는 정도의 고지로는 협박에 해당된다고 보기 어렵다.

장기자랑, 체육대회, 마라톤, 등산 등의 행사는 회사 전체 구성원에게 강요되는 경우가 많다. 장기자랑 시키면서 근로기준법 제대로 지키는 회사 없고, 마라톤 시키면서 법정수당 정확히 챙겨주는 기업 없다. 증거를 모아 고용노동부에 근로감독을 요구하는 청원을 넣으면 된다. 익명으로 가능하다. 언론을 통해 알리는 것도 유효한 방법이다. 간호사 장기자랑이 언론에 보도되자 고용노동부는 한림대의료원에 특별근로감독을 들어가 6개 병원 390억 원의 체불임금을 밝혀냈다. 용기를 내고, 증거를 모으면 된다.

Q&A | 노동조합
함께하니 쫄지 마

◆

한림대성심병원이 선정적 장기자랑으로 보도되었을 때, 신원을 보장하는 언론 인터뷰 요청에 직원들이 모두 침묵했다. 사회적 관심이 멀어지면 옛날로 돌아갈 수밖에 없다는 호소에 한두 명씩 용기를 냈다. 노동조합으로 뭉쳐 갑질을 모두 없앴다. 성심병원을 본 대구가톨릭대병원 직원들도 카톡방을 만들어 동료들을 불러 모았고 노조를 만들었다. 방송계 비정규직 노동자들은 방송계갑질119 카톡방을 거쳐 방송스태프노조를 결성했다. 갑질을 예방하는 백신은 ①용기 ②기록 ③모임(노조)이다. 함께하니 쫄지 마!

1. 노동조합은 몇 명이 모여야 만들 수 있나?

2명 이상이면 만들 수 있고, 1명이어도 금속노조, 공공운수

노조처럼 산업별노조(산별노조)에 가입할 수 있다. 같은 회사의 많은 동료들이 함께 가입하면 힘이 더 커진다.

2. 노동조합에는 어떤 권리가 보장되나?

헌법은 노동자들이 단결해서(단결권), 집단적으로 근로조건 개선을 위해 사용자와 교섭하고(단체교섭권), 집단행동을 통해 요구를 관철할 수 있는 권리(단체행동권)를 보장하고 있다. 사용자가 노동3권 행사를 방해하면 노동조합 및 노동관계조정법(노동조합법)에 따라 2년 이하 징역, 2,000만 원 이하 벌금에 처하게 된다.

3. 회사에 노조가 있는데 제 역할을 제대로 하지 못한다면?

2011년 7월부터 기업 내 복수노조 설립이 허용됐기 때문에 복수노조를 만들면 된다. 하지만 교섭창구 단일화 제도로 인해 과반수 노조가 교섭대표 노조가 되고 소수 노조는 교섭권과 쟁의권을 행사하기 어렵다. 거꾸로 노조를 만들었는데 회사가 친기업 노조를 만들 수도 있다. 따라서 기업 단위에서는 과반수 확보가 중요하다. 소수 노조라고 하더라도 노조 가입을 이유로 불이익을 주면 노동조합법 위반으로 처벌된다.

4. 우리 회사는 노사협의회가 있어서 노조가 필요하지 않다고 하는데?

30인 이상 사업장은 근로자참여법에 따라 노사협의회를 설치해야 하고, 근로자위원을 선출해 근로조건을 협의할 수 있다. 하지만 노동조합처럼 단체교섭권이나 단체행동권이 없기 때문에 실질적인 힘을 갖기 어렵다. 노동조합은 노동조합법에 따라 권리를 보호받고, 단체교섭을 통해 근로기준법을 상회하는 단체협약을 체결할 수 있으며, 단체협약을 이행하지 않으면 처벌된다.

5. 당장 노조 가입이 어렵다면?

업종별 온라인모임에 가입하면 된다. 당장 노조를 만들기 어려운 노동자들이 온라인모임으로 뭉치고 있다. 보육교사119, 사회복지119, 대학원생119, 콜센터119, 시설관리119 등 업종별로 모여 고민을 나누고 상담을 받고 권리를 찾아나가고 있다. 현재 운영되는 업종이 없다면, 같은 직종에 근무하는 동료들을 모아 온라인모임을 만들 수 있다. 직장갑질119에서 법률가들이 지원한다.

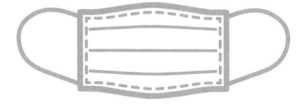

건강·재난

산업재해

오늘도 死무실로 출근합니다

100명 규모 중소기업에서 일하는 진우 씨는 5년 전 경력직으로 입사할 때 잔업과 특근이 많지 않다는 설명을 듣고 연봉제로 계약했다. 그런데 2년 전부터 주문이 늘어나 업무량이 폭증했다. 아침 8시 20분에 출근해 밤 9시까지 일하는 날이 일주일에 3~4일, 토요일 특근은 물론 일요일에 출근하기도 했다.

가족과 저녁 약속을 잡기 어려울 정도로 업무가 많아 인원 충원을 요청했지만, 회사는 연봉제 계약이라는 이유로 진우 씨와 동료들에게 야근을 강요했다. 종업원 300명 미만 회사는 주 52시간 근로제가 2020년 1월부터 시행된다는 점을 이용해 그전까지 300명이 넘는 자회사의 물량을 받아와 일을 시켰다. 아픈 곳 하나 없던 진우 씨 건강이 점점 나빠졌다.

직속 상사의 괴롭힘도 심각했다. 날마다 듣는 폭언과 모욕으로 진우 씨는 정신적 고통에 시달렸다. 걷기조차 힘들 만큼 몸이 아파 병원에 갔더니 허리디스크라는 진단을 받았다. 의사는 그에게 3개월 이상 쉬면서 집중 치료를 받아야 한다고 했다.

진우 씨는 의사 소견서를 제출해 3개월 무급휴직을 신청했다. 회사 책임자가 휴직기간을 2개월로 줄이라고 했다. 그는 어쩔 수 없이 2개월 휴직계를 내고 병원 치료를 받았다. 의사와 상담하면서 진우 씨는 건강하던 몸이 지난 2년간 계속된 잔업과 특근 때문에 허리디스크를 앓게 됐다고 판단해 산업재해를 신청했다. 허리는 잘 낫지 않았다. 진우 씨는 휴직연장이 가능하다는 인사과의 답변을 듣고, 회사 책임자에게 면담을 요청했다. 근로복지공단에 산재를 신청한 사실을 알리고 휴직연상을 요청했다. 그런데 책임자는 휴직연장이 불가능하다며 무조건 복귀하라고 소리쳤다. 그리고 진우 씨 자리에 사람을 뽑으라고 명령했다.

면담한 날부터 진우 씨는 잘 먹지 못하고 제대로 자지 못했다. 몸에 대상포진이 생기고 스트레스성 위염까지 찾아왔다. 정신적 충격에 휩싸였다. 휴직연장이 되지 않으면 퇴사하게 되리라는 위기감이 심했다. 회사에서 연락이 올 때마다 가슴이 두근거리고 불안했다. 결국 휴직만료 전날 숨 쉬기 어려울 정도로 불안에 시달려 정신과 진료까지 받았다.

이런 상황에서 출근을 못하자 회사는 무단결근으로 자진퇴사 처리를 하겠다고 했다. 회사에 불이익이 생기기 때문에 권고사직으로 처리해줄 수 없다고 했다. 진우 씨는 고용노동부에 전화해 직장 내 괴롭힘, 산재 신청 불이익, 정당한 사유 없는 휴직 거부 등을 상담했다.

정신적 질병도 산업재해다

회사에서 얻은 질병에 대해서는 산업재해 보험금을 신청해야 한다. 산업안전보건법 제57조(산업재해 발생 은폐 금지 및 보고 등)에 따라 "사업주는 산업재해가 발생하였을 때에는 그 발생 사실을 은폐하여서는 아니 된다." 이를 위반하여 "산업재해 발생 사실을 은폐한 자 또는 그 발생 사실을 은폐하도록 교사하거나 공모한 자"에 대해 1년 이하의 징역 또는 1,000만 원 이하의 벌금에 처하도록 하고 있다.

또 산업재해보상보험법 제111조의2(불이익 처우의 금지)에 따라 "사업주는 근로자가 보험급여를 신청한 것을 이유로 근로자를 해고하거나 그 밖에 근로자에게 불이익한 처우를 하여서는 아니 된다." 이를 위반할 경우 2년 이하의 징역 또는 2,000만 원 이하의 벌금에 처하게 된다. 산업재해 발생 사실 단순미보고도 1,500만 원까지 과태료를 물릴 수 있다.

업무와 관련한 스트레스로 정신질환이 발생한 경우에도 업무상 질병으로 산재보험을 신청할 수 있다. 직장 내 괴롭힘으로 인해 정신질환을 호소하는 직장인들이 급증하자, 이것이 업무상 재해가 된다고 산업재해보상보험법이 개정됐다. 근로복지공단 홈페이지에 있는 서식을 작성해 제출하면 된다. 특별한 하나의

사건으로 병이 생긴 경우도 가능하고, 지속적인 괴롭힘으로 발병한 경우도 가능하다. 정신과 진료를 지속적으로 받고 진단서를 발급받는 것이 좋다. 대표적인 정신질환으로는 우울증, 불안장애, 적응장애, 외상후 스트레스장애, 자해행위, 수면장애 등이 있다. 신청서와 진단서 등을 토대로 소사관이 조사보고서를 작성하면 업무상질병판정위원회에서 업무상 재해 여부를 판정하게 된다.

근로복지공단 자료에 따르면 지난 5년 동안 직장에서 얻은 정신질환이 산업재해로 인정된 것만 500건이 넘는다. 170여 명은 자살 등 극단적인 선택을 했다. 야만의 한국 직장에서 살아남기란 이렇게 힘들다.

코로나 1—병가

닭장의 설움

순영 씨는 서울에 있는 콜센터 상담사다. 대형 금융사의 상 담 업무를 한다. 금융사와 도급계약을 맺은 파견회사를 통해 일 자리를 얻게 되었다. 학교를 졸업하고서는 대기업에서 일했다. 결혼하고 아이를 낳고 키우느라 회사를 그만둬야 했다. 아이가 커서 직장을 구하려고 서류를 넣으면 면접을 보자고 연락 오는 곳은 보험회사나 콜센터 아니면 다단계업체였다. '경단녀'(경력 단절 여성)에게 주어진 직장은 최저시급 일자리였다.

그가 처음 일했던 콜센터는 직원 좌석도 정해져 있지 않았 다. 다른 사람의 자리에서 다른 사람의 컴퓨터로 일해야 했기 때 문에 자칫 메모라도 지워졌다가는 난리가 났다. 그가 마음대로 사용할 수 있었던 건 화장실 휴지와 정수기 물뿐이었다.

일하는 공간은 닭장이다. 한 사람당 90센티미터 너비의 좁 은 책상을 칸막이로 다닥다닥 붙여놓았고, 뒷사람과의 간격도 너무 좁아서 화장실 가려고 일어날 때도 의자를 꼭 책상 쪽으로 밀어 넣어야 사람 다닐 공간이 생겼다.

그런데 옆 사무실에 코로나19 의심환자가 발생했다. 검사 받고 격리 중이라는 소식을 엘리베이터에서 들었다. 한 동료의 가족이 코로나 검사를 받았다는 사실도 뒤늦게 알았다. 하청회사는 어떤 소식도 알려주지 않았다.

콜센터 특성상 마스크를 쓰면 언어 전달도 어렵고 숨이 가빠서 일하기 힘들다. 고객들도 짜증을 낸다. 팀장급 이상들은 전화 업무를 하지 않는데, 최근까지 자기들만 마스크 끼고 일하고 상담원들은 마스크 벗고 일하라고 공지했다. 사무실 바닥은 1년에 한 번 정도 청소하는 것 같고, 화장실도 100명 넘는 사람이 같이 사용하다보니 어찌나 더러운지, 위생 관리가 되지 않고 환기도 되지 않는다.

한 동료가 업무 중 고열이 나고 잦은 기침을 했다. 아무래도 걱정이 된다며 병원을 가겠다고 했더니, 팀장은 잠깐 열이 난 건데 무슨 병원을 가느냐며 무시했다. 가족이 고열에 시달려 돌보러 가는 것도 눈치가 보여 말하지 못했다. 최저임금을 받고 일하는 처지라 하루라도 쉬는 게 부담스러웠다. 열이 나는데도 아픈 몸을 이끌고 버스나 지하철을 타고 출근할 수밖에 없었다.

구로콜센터에서 집단감염이 발생한 후 서울시에서 콜센터에 자리를 한 칸씩 건너 앉으라고 지침이 내려왔는데, 순영 씨네 콜센터는 그대로였다. 갑자기 마스크 끼고 업무하라면서, 정작 마스크를 제공해주지는 않았다. 원청사는 고객 안내 스크립트 내용에 상담사가 마스크 끼고 일한다며 양해해달라는 멘트를 심어놓았다.

"서울시에서 전수조사 나온다고 하던 날 갑자기 없던 손세정제 추가 비치하고 휴게실을 폐쇄했어요. 느닷없이 자리를 교체하고, 가림막을 설치했고요. KF94 마스크 5개 줬는데 직원들 앞으로 나오는 간식 값으로 주는 거였고, 2주간 간식이 없었습니다. 2주 만에 보건용 얇은 마스그 4개에 KF94 마스크 1개로 바뀌었습니다. 콜센터 전화폭주로 직원은 계속 뽑아대며, 지금은 바쁘니까 아파도 나중에 연차 몰아서 3일 정도 휴가 가라고 합니다. 목소리가 안 나와 병원 좀 가겠다는데 짜증 내면서 병원 꼭 가야 하냐고 나무랍니다. 콜센터 상담사들도 숨 쉬며 일하고 싶어요. 오늘은 피했지만 내일은 내가 확진자가 될 수 있단 생각에 출근길이 무겁고 무섭습니다."

병가제도 없는 나라

2020년 3월 10일 구로콜센터에서 코로나19 집단감염 사태가 발생한 직후 직장갑질119는 상담사 1,565명을 대상으로 △상담사 근로조건 △코로나19 조치 △정부정책 및 필요 조치 등 '근무실태와 코로나19 예방대책'에 대한 긴급 설문조사를 벌였다. 상담사의 임금 수준을 묻는 질문에 '200만 원 미만'이라 응답한 비율이 68.9퍼센트(1,079명)였고, '200만~250만 원 미만'이라는 비율이 27.6퍼센트(432명)로, 상담사의 96.5퍼센트가 최저임금이나 최저임금을 약간 상회하는 수준을 받고 있었다.

'코로나19 확산 이후 상담 업무량'을 묻는 질문에 대해 '늘었다'는 응답이 66.1퍼센트(1,034명)를 차지했다. 코로나19 예방조치(복수응답)를 묻는 질문에 '키보드 소독용 알코올솜을 지급하지 않는다'는 응답이 85.5퍼센트(1,338명)로 가장 높았고, '마스크를 지급하지 않는다'는 응답도 56.9퍼센트(891명)로 콜센터의 절반 이상이 상담사들에게 마스크를 지급하지 않고 있었다. 상담사의 97.8퍼센트(1,530명)는 비좁은 업무공간이 코로나19 전염 위험에 영향을 미친다고 응답했다. 상담사들이 '코로나19 예방을 위해 가장 필요한 조치'로 꼽은 것은 '휴가 보장'과 '교대 근무'였다.

코로나19 사태 이후 정부는 "발열이나 호흡기 증상이 나타나면 큰 부담 없이 등교나 출근을 하지 않을 수 있도록 제도화와 지지가 필요하다"며 아프면 쉬라고 했다. 그러나 대한민국 근로기준법에는 '병가'라는 제도가 없다. 업무상 질병일 경우 산업재해로 치료받고 쉴 수 있지만, 감기몸살처럼 업무 외 질병은 개인 연차를 쓸 수밖에 없다.

노동계에서는 건강보험 가입자가 업무 외 질병으로 쉴 경우 줄어드는 소득을 건강보험공단에서 보전해주는 '상병수당'을 요구했지만 받아들여지지 않았다. OECD 36개 회원국 중 34개 회원국은 의료보험이나 공적 사회보장 형태로 상병수당을 준다.

하지만 연차휴가도 못 쓰게 하는데, 상병휴가를 자유롭게 쓸 수 있는 날이 올까? 구로콜센터 상담사들이 몸이 아플 때 휴가를 갈 수 있었다면 100명이 넘는 집단감염 사태를 막을 수 있었다. 코로나 이후의 사회는 이전과 달라져야 한다.

코로나 2—휴업수당

무급휴직은 불법

영모 씨는 인천공항에서 일한다. 대한항공 자회사인 한국공항(KAS)의 도급회사 '에스코리아' 소속이다. 에스코리아는 시설경비업, 소독업, 위생관리용역업으로 허가를 받아 1,000명의 직원을 대한통운, 한국공항, 롯데면세점, 연세대학교, 한국동서발전 등 15개 기업에 파견하는 회사다. 인천공항에서는 150명 정도가 일한다.

한국공항은 비행기 승객이 부친 수하물을 컨테이너에 넣어 비행기에 싣는 지상조업을 한다. 그중 컨테이너를 운송하는 업무를 에스코리아에 도급을 줬다. 영모 씨는 장비인 터그카로 컨테이너를 운반한다. 수하물을 비행기 입구까지 날라다 주면, 이후엔 한국공항 직원들이 비행기에 싣는다.

2020년 2월 코로나19가 퍼지고 비행기 운행 대수가 급감하면서 문제가 터졌다. 에스코리아는 계약직부터 잘랐다. 계약기간이 정해져 있었지만, 바로 해고했다. 정규직들에게는 남아 있는 연차를 강제로 소진하게 하고, 연차가 없으면 무급휴직으로 10~15일씩 쉬게 했다. 코로나19 사태가 심각해지고, 비행기 운행 대수가 10분의 1로 줄어들자 회사는 3월 9일 '희망퇴직제 운영 안내'를 통해 희망퇴직 신청을 받았다. "항공 운항편 회복에 따라 조업인력 필요 시 우선 채용하겠다"며, 무급휴직으로 손가락 빨고 있지 말고, 권고사직으로 나가 실업급여 받고 기다리라는 것이었다.

희망퇴직 신청자가 많지 않자, 3월 25일 회사는 '무급휴직제 운영 안내'를 공고했다. "조업물동량 감소에 따른 유휴인력에 대하여 무급휴직과 연차휴가를 실시하고 있으나 이와 같은 방법만으로는 회사가 처해 있는 문제를 해결하기가 어려워" 4월부터 월 3주 이상 무급휴직을 실시한다고 일방적으로 통보했다.

직원들이 모였다. 무급휴직은 불법이니 휴업수당을 주고 대신 정부의 고용유지지원금을 신청하라고 회사에 의견을 전했다. 정부가 중소기업에 대해 휴업수당의 90퍼센트까지 고용유지지원금을 주고 있으니 이를 활용하면 회사의 부담이 크지 않을 터였다.

그런데 사무실에서 "아웃소싱 회사는 지원대상이 아니"라고 했다. 에스코리아는 인력파견회사라서 채용과 해고를 수시로 반복하기 때문에, 고용유지지원금을 받을 수 있는 조건에 해당하지 않는다는 것이었다.

직원들은 어쩔 수 없이 무급휴직을 시행한다면 기간을 줄여달라고 했지만, 불가능하다는 대답이 돌아왔다. 희망퇴직 신청자들에게 재고용에 대한 약속을 확실히 해달라는 요구도 어렵다고 했다. 대한항공을 비롯한 원청회사들은 휴업수당을 받고 버티고 있는데, 도급업체라는 이유로 단 한 푼도 받을 수 없다는 것이었다. 대한항공이나 한국공항의 지시가 없으면 인력파견회사가 독자적으로 할 수 있는 일은 없다고, 불법이어도 어쩔 수 없다고 했다.

"직원들이 아이들을 키우는 40~50대인데 어떻게 무급으로 버팁니까? 정부가 돈을 주겠다고 하는데, 왜 저희는 받지 못하는 겁니까? 인력파견회사 소속이라는 이유로 이렇게 무급휴직을 당하고 있다가 결국 쫓겨나야 하는 겁니까? 너무 억울합니다."

코로나19 고용대란

코로나든 세계경제위기든 무엇이든 간에 노동자의 귀책사유가 아닌 이유로 휴업(휴직)을 하게 될 경우 근로기준법 제46조(휴업수당)에 따라 휴업수당으로 평균임금의 70퍼센트를 지급해야 한다. 노동자는 무급휴가 동의서를 쓰지 말고, 휴업(휴직)을 강요받았다는 증거를 남겨놓고, 고용노동부에 휴업수당 체불임금을 진정할 수 있다.

고용유지지원금이란 경영난 속에서도 감원 대신 휴직이나

일시휴업 따위를 이용하여 고용을 계속 유지하는 기업체에 정부가 지원하는 지원금을 말한다. 정부는 코로나19 특별대책으로 항공업 등 특별고용지원업종과 중소기업에 고용유지지원금으로 휴업수당의 90퍼센트를 지급하는 대책을 마련했다. 그런데 고용유지지원금을 받기 위해서는 ①직원이 고용보험에 가입해 있어야 하고 ②회사가 휴업(휴가, 휴직)에 들어가기 전에 신청해야 하며 ③감원·채용이 없어야 한다.

인천공항에서 일하는 영모 씨와 같은 파견직은 파견회사가 인력을 수시로 채용하고 해고하기 때문에 회사에 감원·채용이 없어야 한다는 조건에 맞지 않아 고용유지지원금 대상이 아니다. 계약직은 회사가 어렵다는 이유로 계약을 해지당하고, 용역·하청직은 업체에서 고용유지지원금 신청 자체를 하지 않는 경우가 다반사다. 임시일용직과 특수고용직은 고용보험에 가입해 있지 않아 고용유지지원금을 받을 수 없는 상황이다.

통계청에 따르면 2019년 임금노동자 2,056만 명 중 고용보험 가입자는 1,380만 명에 불과해 680만 명이 고용유지지원금을 받지 못한다. 계약직, 파견직, 특수고용직을 더하면 1,000만 명 이상이 정부 지원의 사각지대에 있다. 이들은 연차 사용 강요, 무급휴직을 거쳐 해고와 권고사직의 위기로 몰리고 있다. 고용보험 밖 노동자들에 대한 혁신적인 대책이 필요하다.

서울 구의역에서 스크린도어를 고치던 스무 살 청년 김모 군이 열차에 치여 숨졌다. 그는 서울지하철공사의 직원이 아니었다. 태안화력발전소에서 일하던 스물넷 청년 김용균은 컨베이어벨트에 감겨 숨졌다. 그는 화력발전소의 직원이 아니었다. 30대 기업 산재사망·사고의 희생자 95퍼센트는 직원이 아니었다. 그들은 하청이었다.

전태일의 죽음 이후 반세기가 흘렀는데, 대한민국에서는 한 해 2,000명이 일터에서 죽는다. 밥 벌러 간 식구가 돌아오지 않는다. 산업안전보건법을 위반해 노동자를 죽거나 다치게 한 사장들 중 금고 이상의 형을 받은 사람은 0.5퍼센트다. 해당 노동자가 자기 직원이 아니어서 사장님은 처벌받지 않았다.

대기업 콜센터 상담사들에게는 마스크도, 소독제도, 연차휴가도 주어지지 않았다. 직원이 아니어서 대기업은 책임질 일이 없었다. 요양병원 요양보호사는 코로나19 보호장비 없이 환자를 돌봤다. 직원이 아니어서 병원의 관심 대상이 아니었다. 정부 세종청사 미화원은 집단감염을 발생시킨 폐기물을 보호장비 없이 치웠다. 공무원이 아니어서 정부의 보호 밖에 있었다.

평소 직원이 아닌 이들에게 눈길 한 번 주지 않던 사회가 이들이 코로나19에 감염되자 화들짝 놀라 대책반을 만들고 보호장비를 지급한다. 한 나라의 지도자까지 감염시키는 코로나19 때문에 일터의 유령이었던 파견, 하청, 도급, 특수고용직 노동자들이 보이기 시작했다. 일터의 하청화, 위험의 외주화라는 바이러스를 막지 않는다면, '코로나 해고 바이러스'까지 새롭게 진화해 우리의 직장과 사회를 덮칠 것이다.

1. 산업재해 신청은 어떻게 하나?

산업재해는 ①업무상 사고 ②업무상 질병 ③출퇴근 재해가 있다. 업무상 사고는 일하다 다친 경우, 업무상 질병은 일하다 질병에 걸린 경우, 출퇴근 재해는 출퇴근 중 사고가 발생한 경우를 말한다. 업무상 사고를 예로 들면, 최초 병원에 방문해 초진을 받을 때 일하던 중 사고가 발생해서 다쳤다고 밝혀야 한다. 그래야 의사가 소견서를 작성할 때 업무상 사고로 다쳤다는 점을 기록할 수 있다. 근로복지공단 홈페이지에 있는 요양급여 및 휴업수당 신청서 서식을 작성하고 의사 소견서를 첨부해 제출하면 된다. 사고가 발생해 구급차가 왔었다면 민원24 홈페이지에서 구조구급증명서를 발급해 첨부하고, 일하다 다쳤다는 목격자의 관련 진술서 사본 등을 첨부하도록 한다.

2. 일하다 다쳤는데 회사에서 산재 처리가 아니라 공상 처리를 하라는데?

일하다 다쳤는데 산재보험으로 처리하지 않고 회사에서 자체적으로 병원비를 부담하는 것을 공상 처리(공무 중 상해 처리)라고 부른다. 산업재해가 발생할 경우 보험료가 인상되고 근로감독 대상이 될 수 있어서 회사 입장에서는 산재 처리보다 공상 처리를 선호할 수 있다. 병원비를 회사에서 부담해주기 때문에 큰 문제가 없다고 생각할 수 있지만 공상 처리를 할 경우 ①치료되지 않는 장해가 남을 경우 장해급여를 신청할 수 없고 ②치료 중 사망할 경우 유족급여, 장의비 등을 받을 수 없다.

3. 회사에서 공상 처리를 할 경우 문제는 없나?

공상 처리를 한다는 것은 건강보험을 이용해 환자부담금을 당사자가 아닌 회사가 부담한다는 것과 같다. 일하다 다쳤으면 산재보험으로 처리하는 것이 원칙이기 때문에, 산재보험이 아닌 건강보험을 이용하는 공상 처리는 엄밀히 말해 보험사기라고

할 수 있다. 만약 건강보험공단에서 공상 처리 사실을 알게 된다면 공단부담금을 환수하는 조치를 취할 수 있다. 무조건 산재 처리를 해야 한다.

4. 아웃소싱 업체는 정부의 고용유지지원금을 받을 수 없다는데?

아웃소싱이든 하청이든 용역이든 4인 이하 사업장이든, 회사에 다니고 있고(근로계약), 고용보험에 가입해 있다면 고용유지지원금을 받을 수 있다. 다만 회사에서 고용유지조치 종료일 이후 1개월까지 감원이나 채용이 없어야 한다.

5. 프리랜서는 휴업수당을 받을 수 없나?

근로계약서를 쓰지 않고 고용보험을 내지 않았지만 고용주에게 종속되어 정해진 날짜와 시간 동안 근무를 하고, 고용주로부터 급여를 받는 직원은 법상 근로자로 볼 여지가 크다. 강사, 여행가이드, 헤어디자이너, 네일아티스트 등은 고용주가 노동법상 사용자의 책임을 지지 않기 위해 종사자들을 자영업자로 둔갑시키고 고용보험 취득신고도 하지 않는 일이 잦다. 그러나 위장된 자영업자라도 실질적으로 근로자라면 고용보험법상 피보험자가 된다. 피보험자의 자격 또한 고용보험 취득신고 시기와 무관하게 고용관계가 시작된 때로 소급하여 인정될 수 있다.

8

여성

성

추

행

직장인 미투, 카르텔의 공범들

희유 씨는 미국에서 10년 동안 공부하며 상품 기획과 브랜드 마케팅을 전공했다. 2016년 한국에 돌아와 직장을 구했다. 스타트업 회사. 서울산업진흥원과 대구창조경제혁신센터가 지원하는 우수벤처기업이었다. 입사 초 대표는 유학생활을 오래한 그에게 "한국에는 아직 '꼰대문화'가 있어 그걸 따라야 한다"고 했다. 무슨 뜻인지 이해하기 어려웠지만, 한국과 미국은 문화적 차이가 있다는 걸로 생각했다.

2017년 가을이었다. 대표가 회식을 하자고 했다. 그는 대표, 이사와 함께 고깃집에서 저녁을 먹었다. 그날도 대표는 꼰대문화 얘기를 했다. 저녁을 먹고 나서 대표는 밤 9시밖에 안 됐다며 노래방에 가자고 했다. 노래방 입구, 이사는 놓고 온 휴대전화를 찾으러 간다며 먼저 들어가라고 했다. 분위기가 어색했다. 대표가 노래방 책자를 건네며 노래 안 부를 거냐며 몸을 밀착했다. 불길한 예감이 들었다. 그는 "뭐 부를지 모르겠다"고 말하며 떨어져 앉으려고 했다. 대표는 어깨동무를 하더니 손을 내려 허리를 만지며 안으려고 했다. 그는 상황을 모면하기 위해 대표에게 노래를 부르라고 책자를 건넸다. 대표는 그의 허벅지 위에 손을 올려놓은 채 "연애 안 해? 남자친구 없어?"라고 물었다. 그는

"왜 이사님 안 오시죠?"라며 상체를 떨어뜨리려고 했다. 그 순간 대표의 손이 그의 가슴 앞으로 다가왔다. 그는 바로 일어나 대표를 밀쳤다. "왜 이래요? 결혼도 하신 분이 이러면 안 되죠." 그러자 대표는 기분 나쁜 표정을 지으며 말했다. "나도 남자야."

두렵기도, 수치스럽기도 했다. 대표가 더 이상 이런 행동을 못하게 하고 싶었다. "사실은 저 남자친구 있어요. 같은 회사에 근무하는 과장입니다. 결혼도 생각하고 있어요. 추석에 부모님께 인사도 갈 겁니다." 위기를 모면하는가 싶었지만 아니었다. 노래방에서 나온 대표는 택시를 잡은 뒤 그에게 함께 타라고 했다. 그가 거부하는데도 계속 택시에 타라고 소리쳤다. 남자친구가 데리러 온다고 말한 뒤에야 대표는 택시를 출발시켰다.

희유 씨는 사건 당일 남자친구를 만나 성추행 사실을 말했고 팀장에게도 보고했다. 남자친구는 대표를 찾아가 성추행 사건에 대해 사과를 요구했다. 대표는 팔을 몇 번 건드린 것뿐이라고 했다. 진심 어린 사과를 기다렸던 희유 씨는 분노했다. 다음 날 출근하지 않고 가족에게 성추행 사실을 알리고 대책을 상의했다. 국가인권위원회에 문의했더니 사과를 원하면 대표에게 직접 요청하라고 했다. 그다음 날 출근하니 그의 지문이 출근 인식 시스템에서 삭제돼 있었다. 사과를 요구하자 대표는 그가 자신을 유혹했다며 꽃뱀으로 몰았다. 회사를 그만두라고 했다. 기가 막혔다. 눈물이 끝없이 쏟아졌다.

그는 성추행으로 대표를 고소했다. 성희롱으로 고용노동부에 진정했고, 노동위원회에 부당해고 구제신청을 냈다. 회사 쪽에서 합의하자는 연락이 왔다. 대표가 사과문을 써서 회사 직원들에게 돌리겠다고 했다. 대표가 이제야 잘못을 뉘우쳤나 생각했다. 사과문을 봤다.

"불미스러운 일과 이후의 일련의 과정들은, 본인에게 본인의 많은 부족함을 깨닫게 하는 계기가 되었습니다. (…) 임직원 여러분들과 과거 함께 생활하였던 분들의 미래를 생각하시어 과거의 일을 들추어내지 않도록 협조하여주시기 바랍니다."

그는 기가 막혔다. 과거의 일을 들추지 말라고 협박하는 문서가 사과문이라니. 그는 합의를 거부하고 법대로 처벌해달라고 했다. 노동위원회 위원들은 합의를 종용했다. 민·형사 재판으로 받는 보상금보다 많을 거라고 했다. 노동위원회 심판회의에서 지면 검찰 조사에서도 불리할 것이라고 했다. 그는 의아했다. 성범죄 뒤 일어난 부당해고의 해결이 어떻게 진정한 사과도 없는 합의인지, 설령 심판회의에서 진다고 해도 대표의 성추행 사실이 없었던 일이 되는지, 왜 검찰 조사에서 불리한지 어느 것도 이해되지 않았다. 노동위원회 심판회의 날, 대표는 자신이 서울대·삼성·LG·김앤장 출신이고 벤처기업을 운영하고 있으니 그 점을 고려해 판결해달라고 말했다.

부당해고 구제신청은 기각됐다. 회사가 근로복지공단에 희유 씨의 퇴직 사유를 '자진퇴사'라고 한 것을 그가 '회사 사정에 의한 퇴사'로 정정해달라고 한 것이 '해고'가 아니라는 근거가 됐다. 평범한 식장인이 이런 복잡한 법을 알 길이 없었다. 그러나 노동위원회 공익위원들은 면담 다음 날 지문을 삭제해 사실상 해고를 통보한 것을 핵심으로 판단하지 않았다. 성추행 사건의 충격으로 한 달 넘게 하혈, 급성 빈혈, 스트레스, 시력 저하, 두통, 외상후 스트레스장애, 공황발작, 해리성 정체감 장애를 겪어 대응을 못하다 뒤늦게 구제신청을 할 수밖에 없었다는 사실에는 관심을 두지 않았다. 그는 "대표가 다시는 누구에게도 저런 짓을 하지 못하게 하고, 파렴치한 거짓말을 하지 않게 하려면 크든 작든 벌을 받게 해야 한다"며 중앙노동위원회에 재심을 청구했다. 대표가 받은 벌은 남녀고용평등법에 따른 과태료 300만 원이 전부였다.

"제가 원한 것은 진심 어린 사과였는데, 국가기관의 위원이란 분이 돈이나 받고 떨어지라는 식으로 말하니 모든 의욕이 사라지네요. 성추행이 준강간이나 강간과 같은 심한 정도는 아니어서 벌을 받아도 벌금형일 거라는 말을 들었을 때, '그럼 내가 강간이라도 당했어야 신고할 자격이 주어진다는 건가?'라고 느꼈습니다. 제 몸, 팔, 허리,

다리 그 어느 부위도 회사의 대표 혹은 저보다 높은 사람이 직급을 이용해서 마음대로 만지라고 있는 것이 아닙니다. 성추행·성희롱이 없는 회사를 한국에서 찾는 것이 '하늘의 별 따기'라고들 말하더군요. 회식에 가지 말걸, 그 회사에서 일하지 말걸, 아니 한국으로 돌아오지 말걸 하는 자책감이 듭니다."

여성, 기나긴 싸움의 이유

영어에 능통한 지수 씨는 대구에 있는 H사에 해외영업 담당으로 입사했다. H사는 신재생에너지사업과 건설 신소재 수입·판매업을 하는 회사였다. H사는 ㅎ건설의 신사업부로 ㅎ건설과 같은 사무실을 썼다. H사 대표이사는 ㅎ건설 사장의 아들이었고, ㅎ건설 부사장도 맡았다.

지수 씨가 사무실로 출근하자 직속상관인 본부장이 ㅎ건설 사장에게 인사를 시켰다. 사장은 그를 보더니 "통통하니 아들 하나 더 있으면 며느리 삼고 싶네" 했다. 기분이 상했지만 어렵게 입사한 회사의 사장에게 찍히고 싶지 않았고, 연세가 많은 분을 이해해야 한다고 생각해 불편한 마음을 감췄다.

지수 씨는 H사 대표이사와 본부장의 업무지시를 받았다.

그런데 같은 사무실로 날마다 출근하는 ㅎ건설 사장도 지수 씨에게 업무보고를 하라고 했다. 수시로 불러 해외영업에 대해 물었다. ㅎ건설 사장은 마주칠 때마다 한마디씩 했다.

"네가 지나가니 건물이 다 흔들린다."
"뭘 또 그렇게 먹니, 그렇게 먹으니 살이 찌지."
"걱정돼서 하는 말이다. 시집도 안 간 아가씨가 이렇게 살이 찌면 안 된다. 물을 많이 마셔야 한다. 나는 하루 종일 물을 많이 마시는데, 자기 전에도 물을 많이 마셔서 자는 중에도 두세 번은 일어나서 오줌을 눈다. 너도 물을 많이 마시면 살 빠질 거다."

사장은 갑자기 손으로 지수 씨의 배를 만지며 "이게 뭐냐?"라고 말하기도 했다. 지수 씨는 너무 당황스러워 아무 말도 못하고 있었는데, 사장은 태연하게 나가보라고 했다. 지수 씨가 사장의 성추행 사실을 본부장에게 보고했지만, 본부장은 어떤 이의제기도 하지 못했다. 사장만이 문제가 아니었다. 그 아들도 "우리 회사 여자들은 얼굴은 되는데 몸매가 영 안 된다"고 했다. 이런 일이 반복되자 지수 씨는 ㅎ건설 사장과 마주치는 것을 피하기 시작했다.

지수 씨가 ㅎ건설 사장에게 해외 거래처 방문 내용을 보고하던 때였다. 사장은 보고서가 마음에 들지 않는다며 또다시 욕

박지르고 욕설을 하기 시작했다. 지수 씨는 더 이상 견딜 수 없었다. "더 이상 못 참겠으니 저에게 소리 지르지 마시고 이 새끼 저 새끼 욕설도 하지 마세요. 성희롱, 성추행도 참고 있습니다." 그러자 사장은 "너는 이제 끝이다"라며 아들에게 해고를 지시했다.

아들인 H사 대표이사는 지수 씨를 불러 "너는 사장님이 이 새끼 저 새끼 하는 게 기분 나쁘냐?"고 말했다. 그는 황당했다. 켜켜이 쌓아둔 감정이 폭발했다. 대표이사에게 "왜, 아버지 잘 만나서 사장, 부사장 소리 듣고, 랜드로버 끌고 다니고, 사람들이 비위 맞춰주니까 눈에 뵈는 게 없어? 내가 ×같이 보이나? 어? 내가 뭐같이 보이는데?"라고 소리쳤다. 그 말을 녹음한 아들은 무고, 협박죄, 명예훼손으로 고소하겠다며 퇴사를 종용했다. 지수 씨가 퇴사할 의사가 없다고 하자 회사는 징계위원회를 열어 직장 상사에 대한 폭언, 규율 문란, 신뢰 훼손을 이유로 해고했다.

이 부자는 지수 씨를 고소했지만 무혐의 처분을 받았다. 지수 씨는 ㅎ건설 사장을 고소했고, 검찰은 강제추행 혐의로 재판에 회부했다. 직장 내 성희롱으로 고용노동부에도 진정을 냈다. 회사가 선임한 노무사는 "내가 얼마나 무서운 사람인지 아느냐. 대구에서 다른 어떤 회사에 취직이 가능할 것 같냐?"고 협박하고, 6개월 치 급여를 줄 테니 고소와 고용노동부 진정을 취하하라고 했다.

고용노동부는 지수 씨가 낸 직장 내 성희롱에 대해, ㅎ건설은 지수 씨가 소속된 회사가 아니기 때문에 ㅎ건설 사장과의 일로는 남녀고용평등법 적용을 받을 수 없다고 했다. 그녀는 "내가 직장이 아닌 어디에서 성희롱을 당했다는 것이냐?"라고 물었지만 근로감독관은 "우리한테 따지지 말고 국회에 가서 따지라"고 했다.

지수 씨는 미투운동이 시작된 뒤 세상이 조금은 달라질 것이라고 믿었다. 그러나 아니었다. 회사에 찍혀 잘리는 게 두려운 동료들은 그에게 화살을 돌렸다. 돈 많은 회사는 거액의 변호사와 노무사를 선임해 괴롭혔다. 근로기준법도, 남녀고용평등법도, 근로감독관도 그를 보호해주지 않았다.

하지만 여기서 주저앉으면 다른 피해자가 자신과 같은 고통을 겪을 것이 뻔했다. 지수 씨는 힘이 들더라도 싸워야겠다고 생각했다. 그는 ㅎ건설 사장을 경찰에 강제추행으로 고소했고, 법원에서 유죄를 인정받았다. 성추행, 성희롱으로 인한 정신질환에 대해서도 근로복지공단에서 산업재해를 인정받았다.

"저에게 당장 어떤 이득이 없어도 상관없습니다. 정말 간절히 바라는 건 저와 같은 불이익을 당하는 사람들이 앞으로는 없는 것입니다. 또한 근본적으로 피해자를 보호할 수 있는 제도적 장치가 마련돼 모든 사람이 더 나은 환경에서 일할 수 있었으면 합니다."

남녀고용평등법,
그럼에도 불구하고

직장인 미투 제보는 공공과 민간기업을 가리지 않는다. 고위직이 신입사원에게, 정규직이 계약직에게 성범죄를 저질렀다. 그러나 폭로만으로 가해자에게 타격을 줄 수 있는 '유명인 미투'와 달리 평범한 직장인 미투는 해결이 쉽지 않다. 피해자는 2차 피해가 생길까 언론에 알리는 것도 두려워했다. 피해자를 꽃뱀으로 만드는 '성범죄 가해자 카르텔'이 강고하기 때문이다. 고용노동부 근로감독관과 노동위원회 공익위원들이 카르텔의 공범이 아니라고 자신할 수 있을까?

남녀고용평등법 제14조(직장 내 성희롱 발생 시 조치)에 따르면 성희롱 발생 사실을 신고한 근로자 및 피해근로자 등에게 불리한 처우를 해서는 안 된다. 이를 위반하여 해고 등 불리한 처우를 하면 사업주는 3년 이하의 징역 또는 3,000만 원 이하의 벌금에 처해진다. 직장 내 괴롭힘 금지법 또한 신고자에게 불리한 처우를 할 경우 사업주는 3년 이하의 징역 또는 3,000만 원 이하의 벌금에 처하도록 하고 있다. 노동법은 법 위반 사실을 신고하거나 구제 절차를 밟은 노동자에게 불리한 처우를 하는 사용자에 대해 징역 및 벌금에 처하도록 하고 있다.

이처럼 노동법이 피해자 및 신고자에 대한 사용자의 보복 조치를 금지하고 엄벌하는 이유는, 피해자 및 피해 사실을 아는 누구든지 법적 보호 절차를 자유롭게 밟도록 함으로써 피해자를 보호하고, 쾌적하고 안전한 일터를 만들기 위해서다. 또한 감독행정기관의 감시의 한계를 보완하기 위해서다. 그럼에도 불리한 처우에 대해 처벌이 이루어지는 경우는 극히 드물다. 그 결과 피해자는 보복조치가 두려워 괴롭힘과 성희롱을 참게 되고, 법 위반 사실을 아는 직원들도 불법에 눈감게 된다. 정부가 사용자들의 '신고에 대한 불이익 처우'라는 보복행위에 대해 법에 따라 강력히 처벌해야 피해자들이 용기를 낼 수 있고, 범죄가 재발하지 않는다.

출산과 육아

'범죄자'가 된 엄마

배 속 아기의 발차기가 제법이다. 신기하고 흐뭇하다. 임신 8개월, 꽃피는 봄이 오면 아기는 세상에 나온다. 오래도록 기다렸던 아이를 품에 안을 것이다. 두려우면서도 설렌다. 남은 두 달 동안, 엄마는 요가를 하며 아기 맞을 준비를 한다.

세라 씨는 엄마가 되기까지 긴 터널을 지났다. 그의 일터는 공공기관. 2016년 2월 아이를 가졌는데 유산 징후가 있었다. 병원에서 2주 요양이 필요하다는 진단서를 뗴 회사에 냈다. 그런데 회사는 일이 많다며 병가를 1주만 허용했다. 임신 8주, 그녀는 아이를 잃었다. 고통은 여기서 멈추지 않았다. 뼈 마디마디가 아파왔다. 보호대를 차지 않으면 걸어 다니기 힘들 정도였다. 두 달 병가를 썼지만 차도가 없었다. 2016년 5월 산후풍에 따른 질병휴직을 신청했다.

1년 뒤 그는 난임치료휴가를 냈다. 직장일도 잘하고 싶었지만, 아이를 꼭 갖고 싶었기 때문이다. 시험관 시술 여섯 번 만에 기적처럼 아이가 생겼다. 습관성 유산이 우려되는 고위험 산모. 그는 매일 주사를 맞으며 안정했다. 병원과 한의원을 번갈아 다녔다. 살얼음을 걷는 것처럼 하루하루를 보냈다. 조마조마하던 13주가 지나고, 유산의 위험이 상당히 줄어들었다는 진단을 받왔다. 그와 남편은 뛸 듯이 기뻤다.

2017년 10월 그는 임신확인서를 발급받아 회사에 제출하면서 복직원을 냈다. 하지만 두려웠다. 임신 4개월, 건강이 좋지 않아 하루 외출을 하면 2~3일은 꼼짝도 못하고 누워 지내야만 했다. 병원에서도 안정가료가 필요하다고 했다.

그가 쓸 수 있는 건 출산휴가뿐. 공무원은 임신 중에도 육아휴직을 쓸 수 있는데, 공공기관은 불가능했다. 아이를 무사히 출산하는 일이 세상의 어떤 일보다 중요했다. 일단 출산휴가 90일을 끌어다 쓸 수밖에 없었다. 그러면 만삭에 복직을 해야 한다. 안전하게 아이를 낳으려면 회사를 그만둘 수밖에 없는 상황, 그는 공무원시험 공부를 병행했다.

그런데 회사에 이상한 소문이 돌았다. 그가 거짓으로 병가를 냈고, 난임병원도 다니지 않았다는 것이었다. 회사는 난임치료를 입증할 수 있는 요양급여내역서와 최초임신확인서를 요구했다. 황당했다. 국민건강보험공단에 문의했더니 산부인과나 정신과 치료내역은 지극히 민감한 사항이라 본인 말고는 열람이 절대 불가능하다고 했다. 민감 정보를 회사가 들여다보겠다는 거였다. 그를 의심한 회사는 끈질기게 진료내역서를 요구했다. 12월 초 그는 노동조합을 통해 진료내역서와 사직서를 제출했다. 하지만 회사는 휴가를 부당하게 사용했다며 사직서 수리를 거부하고 징계를 통보했다. 부당하게 사용한 휴직급여 전액을 환수하겠다고 했다.

이뿐만이 아니었다. 회사는 '근무기강 확립'을 한다며 육아휴직자와 질병휴직자를 대상으로 전수조사를 했다. 건강정보는 개인정보보호법에 따른 민감 정보로 수집과 제공에 별도의 동의가 필요했지만 회사는 막무가내였다.

2017년 여름, 임신한 지 얼마 지나지 않을 때였다. 문재인 대통령은 보건복지부·고용노동부·여성가족부 업무보고에서 출산율이 1.03퍼센트로 역대 최저를 기록할 것이라며 "국가적 위기를 맞이하게 되고, 몇 년이 지나면 회복할 길이 없게 된다"고 말했다. "출산과 양육에 대한 국가 책임을 강화하는 것은 물론 고용과 주거 안정, 성평등 등 근본적인 구조개혁으로 아이를 낳고 기를 수 있는 사회환경을 만들어야 한다"는 대통령의 말이 귓가에서 빙빙 돌았다.

애국자 대우를 바란 게 아니었다. 임신과 출산에 대한 인식이 조금은 달라지길 기대했다. 그런데 아니었다. 공단은 그의 노동력만 필요했을 뿐, 사회적 노동력을 재생산하는 모성에는 관심 없었다. 국가는 출산을 장려하는데, 회사는 엄마를 범죄자 취급했다. 그는 고용노동부와 국가인권위원회에 진정서를 냈다. 다행히 사직서가 수리되고 징계가 철회됐지만, 그는 아직까지 회사 책임자의 진정 어린 사과를 듣지 못했다.

'경단녀'가 되기까지

출산휴가는 근로기준법 제74조(임산부의 보호)에 따라 출산 전후를 합해 90일(한 번에 둘 이상 자녀를 임신한 경우에는 120일)을 사용할 수 있고, 출산 후에는 45일(한 번에 둘 이상 자녀를 임신한 경우에는 60일) 이상을 사용할 수 있다.

육아휴직은 남녀고용평등법 제19조(육아휴직)에 따라 만 8세 이하 또는 초등학교 2학년 이하의 자녀를 양육하기 위해 사용자에게 신청하고 사용할 수 있다. 자녀 1명당 1년 이내의 기간을 사용할 수 있고, 자녀가 2명이면 2년을 사용할 수 있다. 부부가 모두 노동자이면 남성과 여성 모두 1년씩 사용할 수 있다.

출산휴가와 육아휴직은 법으로 보호하고 있다. 사용자나 상사에게 구걸하거나 요청할 사항이 아니다. 이메일이나 내용증명으로 통보하고 사용하면 된다. 임신·출산, 육아휴직은 자신과 아이를 위해서 '이기적'으로 보호받아야 할 일이다.

그러나 대한민국 직장여성에게 결혼, 임신, 출산은 백두대간 종주만큼이나 험한 고행의 길이다. 부모의 손길이 가장 필요한 아이를 위해, 기댈 곳 없는 엄마는 눈물을 머금고 회사를 떠난다. 슈퍼우먼이 '경단녀'로 전락하는 것은 순간이다. '잘나가던' 여자 선배들이 출산 앞에서 무릎 꿇는 광경을 목격한 후배들은 독신이나 '무자식 상팔자'를 선택한다.

2017년 통계청 조사에 따르면 14~54세 기혼여성 905만 3,000명 중 결혼, 임신·출산, 육아 등을 이유로 직장을 그만둔 경단녀는 181만 2,000명으로 20퍼센트에 달했다.

2010~2015년에 결혼한 여성들 중 아에 아이를 낳지 않겠다는 응답자의 비율이 8.2퍼센트로 역대 최고였다. 축복받아야 할 임신과 출산을 죄인 양 취급하는 대한민국에 맞서 여성 노동자들은 '출산 파업'으로 응수했다. 2019년 한국의 합계출산율은 0.92명으로 1970년 관련 통계를 작성하기 시작한 뒤 가장 낮은 숫자를 기록했다. 여성 한 명이 평생 한 명의 아이를 낳지 않는다. 국가가 책임지고 모성보호 정책을 획기적이고 전면적으로 바꿔야 한다.

간섭

빨간 립스틱을 발라야 하는 이유

숙경 씨의 하루는 팀장의 기분에 따라 달라진다. 기분 좋은 일이 있으면 업무 간섭이 별로 없는데, 그렇지 않은 날은 팀원들에게 온갖 스트레스를 준다.

팀장은 숙경 씨가 화장을 진하게 하지 않거나, 붉은 계열 립스틱을 바르지 않으면 화장을 하지 않은 것으로 간주해 '용모·복장 불량'이라고 지적하곤 했다. 빨간 립스틱을 싫어하는 숙경 씨는 립스틱 색깔이 용모에 해당되는 것은 아니지 않느냐며 건의했지만, 팀장은 서비스업종인 만큼 립스틱도 해당된다고 우겼다.

화장만이 아니었다. 살이 찌지 않는데 식욕은 있느냐고 물었다. 남자친구는 있냐? 잠은 자냐? 이런 식의 언짢은 발언도 자주 했다. 처음에는 오지랖이 넓은 상사라고 여기고 그냥 지나쳤다. 그런데 매일 화장 간섭을 시작으로 사생활에 대해 사사건건 시비를 걸어 점점 힘들어졌다. 심지어 빨간 립스틱을 바르지 않았다는 이유로 인사평가에서도 점수를 낮게 줬다.

어느 날 아침이었다. 팀장이 업무오픈 준비를 하고 있는 팀원들을 모두 불렀다. 그러고는 다시 화장에 대한 지적을 했다. 화장은 사회생활의 기본이라고, 왜 화장 하나 똑바로 못하느냐고 했다. 숙경 씨는 화가 났지만 아무런 말도 하지 못했다.

그런데 팀장이 휴가를 가지고 또 시비를 걸었다. 연차를 모두 써서 휴가를 길게 다녀왔다는 이유로 근태불량자라고 했다. 연차는 개인을 위해 쓰는 게 아니라 회사를 위해 쓰는 것이라는 이해하지 못할 말을 했다. 숙경 씨는 법에 근로자가 원하는 시기에 연차를 쓰도록 되어 있지 않느냐고 했다. 그러자 팀장이 "사회생활 기본도 모르는 초딩이냐?"며 팀원들 앞에서 소리를 질렀다. 참다못한 그녀가 "도대체 제가 어떻게 하면 될까요? 제가 그만두길 원하시는 거면 그만두겠습니다"라고 하자 화가 난 팀장은 바로 사직서를 제출하라고 했다.

숙경 씨는 억울했다. 너무 화가 나서 한 발언이었는데, 오래 일한 회사를, 아무 잘못도 없이 이렇게 그만두게 될 줄 몰랐다. 대표를 찾아가 팀장의 사생활 간섭과 용모 지적에 대해 얘기했다. 그러자 인사부에서 면담을 요구했다. 숙경 씨는 순간적으로 화가 나서 그만두겠다고 한 것이었다고 말했다. 그런데 사표는 그대로 수리됐다. 숙경 씨는 팀장의 사과 한마디 듣지 못하고 퇴사할 수밖에 없었다.

관심은 활력, 간섭은 고통

"콜센터 상담사입니다. 염색을 했다고 상사가 뭐라고 했습니다. 다른 골센터는 안 그러는데 지희 회사만 유난히 용모 규정이 까다롭습니다. 지나치게 튀는 염색, 옥상에서 슬리퍼 착용, 여름철 샌들이나 겨울철 부츠 착용이 제한되어 있습니다. 본사, 거래처, 고객과 대면할 일도 없고, 업무 특성상 하루 종일 파티션에 갇혀 전화만 받는데 이러한 용모 규정이 정당한지 모르겠습니다."

"진짜 버티기 힘들 정도로 저를 비하하고 사적인 내용으로 시비를 겁니다. 허벅지가 굵네, 허리가 없네, 키가 작네 하면서 신체 비하를 합니다. 여자면 여자답게 꾸며라, 화장하고 다녀라, 얼굴 안 씻었냐… 그래서 입술에 립스틱이라도 바르고 가면 좋아하는 사람 생겨서 발랐느냐고 합니다."

대한민국 여성 직장인이 겪는 일상이다. ①사생활 침해 ②외모 품평 ③복장 간섭과 같은 오지랖 갑질은 여성 직장인에게 집중된다. 부하직원에 대한 관심과 애정을 넘어 타인의 사생활을 심각하게 침해하는 인권유린을 서슴지 않는다.

한 직장 상사가 부하직원에게 "애기 낳은 적 있어? 아니 무슨 잔머리가 이렇게 많아. 애기 낳은 여자랑 똑같아"라는 '오지랖 갑질'을 일삼았다. 직원을 회의실로 불러 같은 얘기를 반복하며 머리와 옷을 단정하게 하고 출근하라고 말했다. 목에 있는 아토피 자국을 보며 "어젯밤 남자랑 뭐 했어? 목에 이게 뭐야?"라고 말하기도 했다.

이와 관련해 직장 내 성희롱으로 인한 손해배상 소송에서 법원은 "사회통념상 일상생활에서 허용되는 단순한 농담 또는 호의적인 언동의 범주를 넘어 원고로 하여금 굴욕감이나 모욕감을 느끼게 함과 동시에 원고에 대한 사회적 평가를 저하시켜 원고의 인격권을 침해한 위법한 것이므로 손해를 배상할 책임이 있다"고 판결했다. 상대방으로 하여금 굴욕감이나 모욕감을 느끼게 함과 동시에 상대방의 사회적 평가를 저하시키는 행위는 모욕죄에 해당할 수 있고, 동시에 인격권을 침해한 행위로서 손해배상의 책임이 인정되는 불법행위에 해당한다는 판례다.

적당한 관심은 직장생활의 활력이 될 수 있지만 지나친 간섭은 고통만 준다. 인권존중 회사의 기본은 사생활보호, 개인에 대한 존중이다.

요람에서 무덤까지 차별과 혐오에 시달린다. 여자라는 이유로. 입사에서 퇴사까지 성희롱과 불이익을 당한다. 여성 노동자라는 이유로.

n번방 사건의 진짜 범인인 성착취 영상을 구매한 26만 명이 처벌받지 않는 나라, 성추행을 당한 여성 노동자는 해고를 당하고 성추행을 한 가해자는 처벌받지 않는 사회다. 다행히 성범죄를 피하고 나면, 여성이라는 이유로 승진이나 정규직 전환에서 차별당하고, 출산과 육아로 인한 불이익이 기다린다. 미국에서 시작된 미투운동이 한국을 휩쓴 지도 3년이 지났지만, 오늘 한국 직장여성의 삶은 고단하고 서럽다.

1. 직장에서 성희롱을 당했다면?

남녀고용평등법은 "직장 내 성희롱의 금지 및 예방"을 명시하고 있고, 이는 1인 이상 고용하는 모든 기업에 적용된다. 직장 내에 신뢰할 수 있는 상사가 있다면 업무와 무관한 사생활 침해 발언, 성적 수치심을 느끼게 하는 발언 등을 말하고, 사내에서 공식적으로 성희롱 피해를 조사할 수 있도록 지원을 요청한다. 성희롱 조사가 진행되면 유급휴가, 가해자와 근무지 분리도 요청할 수 있다. 사내에서 해결이 불가능하다면 거주지 주변의 여성단체 등을 찾아가면 성희롱 피해와 관련한 도움을 받을 수 있고, 고용노동부에 직접 신고도 가능하다.

2. 출산전후휴가급여는 어떻게 지급되나?

사용자는 출산전후휴가를 부여해야 하는데, 우선지원대상기업인 경우 고용보험기금에서 출산전후휴가급여가 지급된다. 대기업이라면 사용자가 2개월 치 급여를, 고용보험기금에서 1개월 치 급여를 지급한다. 단, 고용보험 가입기간이 180일 이상이어야 한다. 출산휴가기간 동안 통상임금에 해당하는 급여가 지급되고, 상한액은 480만 원, 하한액은 최저임금이다.

3. 임신 중인 근로자는 어떻게 보호받을 수 있나?

근로계약서로 정한 소정근로시간을 초과한 연장·휴일·야간 근로 모두 금지된다. 노동자의 요구가 있는 경우 사용자는 쉬운 종류의 근로로 전환해줘야 한다. 임신 초기(12주 이내) 또는 후기(36주 이후)는 유산, 사산, 조산의 위험이 있기 때문에 노동자가 1일 2시간의 근로시간 단축을 신청하는 경우 사용자는 이를 허용해야 하고, 임금을 삭감할 수 없다. 출산전후휴가가 끝나고 복귀한 노동자에게 동일한 업무 또는 동등한 수준의 임금을 지급하는 직무에 복귀시켜야 한다.

4. 육아휴직급여는 얼마나 받을 수 있나?

육아휴직급여는 최초 3개월까지는 통상임금의 80퍼센트(상한액 150만 원, 하한액 70만 원), 이후에는 통상임금의 50퍼센트(상한액 120만 원, 하한액 70만 원)를 지급받게 된다. 단, 근무기간이 6개월 미만인 경우 사업주가 육아휴직을 거부할 수 있다.

5. 출산전후휴가, 육아휴직 사용을 이유로 불이익을 당했다면?

휴가 전과 동일한 업무 또는 같은 수준의 임금을 지급하는 직무에 복귀시키지 않고 부당하게 인사발령을 해 불이익을 준다면 고용노동부에 신고할 수 있다. 출산휴가의 경우 근로기준법 위반, 육아휴직의 경우 남녀고용평등법 위반이고, 500만 원 이하의 벌금에 처할 수 있다.

9

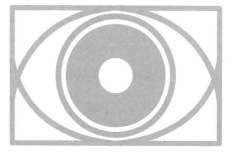

사각지대

가족회사 ·

4인 이하 사업장

세습하는 회사, 가족 갑질

어느 프랜차이즈 회사. 사장은 CCTV가 연결된 스마트폰으로 직원들을 감시했다. 일하다 벌어지는 손해는 직원 돈으로 물어내라고 했고, 필요한 소모품도 개인 돈으로 사게 했다. 수당도 제대로 주지 않았다. 반말, 욕설, 인격 무시는 일상이었다.

더 참기 힘든 건 가족들의 횡포였다. 사장은 아들, 딸, 조카 등 친인척을 데려와 자리를 주었다. 일하지 않는 아들을 서류상 등기이사로 올려놓고 월급을 챙겨갔다. 아들과 딸은 맘에 들지 않는 직원을 CCTV가 없는 회의실에 불러놓고 소리를 질렀다.

어느 날이었다. 야근수당이 제대로 지급되지 않아 문제를 제기한 사원이 있었다. 그러자 사장의 딸은 만 원을 내밀었다. 직원은 돈을 받지 않았다. 다음 날 점심시간, 사장의 딸은 회사에서 밥을 사는 것이라며 법인카드를 던졌다. 카드가 직원의 가슴에 맞고 땅에 떨어졌다. 다른 직원들이 있는 자리에서였다.

"사장은 항시 노무사와 상담했는데, 4인 이하 사업장이라서 추가근무수당도 없고, 연차휴가도 없다는 말을 했습니다. 개인 볼일이 있을 경우 운전을 시키는 것은 기본이었고, 항시 신경질적으로 직원을 대했으며, 시도 때도 없이 불러서 자신이 시킨 일을 확인하고 마음에 들지 않으면 화를 냈습니다. 마치 도가니 같은 곳에 있다가 나온 것 같아서 현재 정신과 상담과 치료를 받고 있습니다."

경남 창원의 한 회사. 사장은 직원에게 아들의 대학교 리포트를 대신 쓰라고 시켰다. 낮에는 회사 업무를 보고, 밤에는 사장 아들 숙제를 해야 했다. 견디다 못한 직원은 부당한 지시라며 15일 뒤 퇴사하겠다고 사직서를 냈다. 사장은 지금 당장 나가라고 했다. 그런데 회사는 월급을 주지 않고 문자를 보냈다.

"당사는 귀인의 퇴사로 막대한 손실이 발생한바, 급여를 상당기간 보류함을 알려드리며, 이에 대한 법률적 검토 후 급여를 처리하고자 하오니 이 점 양해 바랍니다."

직원 동의 없이 업무상 과실을 이유로 임금에서 '손해배상금 공제'(상계)를 하는 건 근로기준법 제43조(임금 지급) 제1항 '임금 전액 지급 원칙' 위반으로 3년 이하 징역 또는 2,000만 원 이하 벌금이 부과된다. 손해배상 청구소송은 임금 지급 후 별도로 진행해야 하고, 손해를 입증해야 한다.

직책도 없는데 사무실에 나와 진상을 부리는 사모, 동생과 사촌과 사촌의 아들이 떼로 근무하며 직원들을 감시하고 괴롭히는 회사… 사장 부인, 원장 남편, 대표의 자녀들이 벌이는 '가족 갑질' 제보가 끊이질 않는다.

근로기준법 사각지대, 4인 이하 사업장

근로기준법의 주요 내용 중 ①해고제한 ②연차휴가 ③가산수당(연장·야간·휴일) ④근로시간 ⑤생리휴가 ⑥직장 내 괴롭힘 신고 등은 5인 이상 사업장에만 적용된다. 4인 이하 사업장이면 부당하게 해고를 당해도 노동위원회에 구제신청을 할 수 없고, 직장 내 괴롭힘도 신고할 수 없다.

그러나 4인 이하 사업장이라도 ①근로계약서 작성 ②최저임금 ③퇴직금 ④주휴수당 ⑤휴게시간 ⑥해고예고수당 ⑦출산전후휴가 ⑧육아휴직 등은 보장된다. 또 연장·야간·휴일근무를 하게 되면 급여의 150퍼센트가 아닌 100퍼센트를 무조건 지급해야 한다.

4인 이하 사업장에 대한 근로기준법 일부 적용 제외에 관해 헌법재판소는 '소규모 사업장의 열악한 현실'을 언급하면서 합헌이라고 판단했다(2019년 4월 11일 선고, 2013헌바112 판결). 하지만 4명을 고용하는 사업장의 68퍼센트는 연간 매출액이 3억

원 이상이었고, 병원, 전문가(변호사, 회계사 등) 사무실, 임대사업자 등 지급 여력이 충분한 사업장이 많다. 같은 회사인데 근로기준법 적용을 피하기 위해 회사를 몇 개로 쪼개놓은 '가짜 4인 이하' 사업장도 많다.

"저희 사장님은 A회사, B회사, C회사 3개 회사를 운영합니다. 사업자등록은 본인 명의 외에 가족 명의 3개로 나누었습니다. A회사는 현재 직원 4명을 두고 사장 와이프가 실장 직함으로 모든 일을 관리합니다. 3개 회사 월급 및 직원도 관리합니다. B회사는 현재 직원 3명에 사장님이 대표자로 되어 있습니다. C회사는 현재 직원 3명에 사장님 동생이 대표자로 되어 있습니다. 모두 같은 사무실을 쓰고 있습니다."

백 번을 양보해 영세사업장으로서는 가산수당을 지급하는 것이 어렵다고 치자. 그런데 4인 이하 사업장이라고 마음대로 해고하고, 마음대로 괴롭혀도 되나?

직장을 구하기 힘든 시대, 부모 '빽'으로 회사에서 감투를 쓴 이들이 갑질을 일삼는다. 사장 자녀들이 출근하지 않는데 월급을 받아가고 4대 보험에 가입돼 있다면 업무상 횡령, 배임죄로 처벌할 수 있다. 여러 직원들 앞에서 폭언하고 치욕감을 느끼게 했다면 모욕죄로 고소할 수 있다.

병역

사복 입은 이등병

직무: 산업기능요원(병역특례)

급여: 연봉 2,800만 원 이상, 면접 후 재조정 가능

근무시간: 주 5일 근무, 주당 평균 40시간 근무

기숙사 제공, 회사에서 100퍼센트 부담

　준규 씨는 병역 신체검사에서 4등급으로 공익 판정을 받고 채용정보 사이트를 검색했다. 전남의 한 제조업체는 멀리서 온 직원들에게 기숙사를 무료로 제공한다고 했다. 군복무를 대신하면서 월급도 받을 수 있는 곳. 그는 산업기능요원으로 공장에 취직했다.

　수습기간 한 달이 끝나고 대체복무가 시작됐다. 월급명세서에 기본급 140만 원이 찍혔고, 4대 보험 13만 원이 공제됐다. 그런데 무료로 제공한다던 기숙사 사용료 10만 원을 떼어갔다. 사전 동의를 구하는 절차나 협의도 없었다. 불만이 있으면 계량기를 달아 전기료, 수도세를 자비로 내라고 했다. 그것도 싫으면 그만두라고 했다. 기숙사를 나간 친구도 있었지만, 대부분 돈을 내고 다닐 수밖에 없었다.

　어느 가을날, 이사가 산업기능요원 30명을 불렀다. 근무태

도에 문제가 있는 요원도 있었지만, 대부분 성실했다. 이사는 10분 넘게 연설을 했다. 도열한 채 욕설과 훈계를 경청해야 했다. 사기꾼이고 개새끼들이라고 했다. 경찰서에 사기죄로 신고하겠다고 했다. 이사는 부대장이었고, 산업기능요원들은 병사였다.

회사는 타지에서 온 요원들에게 주소를 전남으로 옮기라고 했다. 군복무를 대신하는 처지라 그와 동료들은 모두 전남도민이 되었다. 회사는 지역민을 많이 채용했다고 국가에서 상장을 받았다.

회사는 지게차 운전을 해본 적도 없고 면허도 없는 동료에게 지게차를 몰게 했다. CCTV를 설치해 산업기능요원들을 감시했다. 건물 벽이 찌그러지자 범인을 색출한다고 지게차 근무자들을 불러 모아 자수하라며 협박하는 일도 있었다. 대체복무자들에게는 인권도, 민주주의도, 상식도 없었다.

군복무기간이 끝날 즈음, 준규 씨는 무단 공제했던 기숙사비용을 돌려달라고 했다. 수도 없이 퍼붓던 폭언에 사과를 받고싶었다. 그런데 회사는 이사 한 명이 30명 넘는 요원을 관리하면서 일어난 일이고, 기숙사 비용 공제는 회사의 경영악화 때문이라고 했다. 퇴사하고 실업급여를 받고 싶어 고용노동부를 찾았지만, 폭언을 들은 시점에 퇴사하지 않아 실업급여 수급 사유가 되지 않는다고 했다. 군복무 대체 때문에 참았던 것인데, 그때 나갔어야 한다니 황당했다.

"중소기업 청년 추가고용 정책이 이렇게 쓰이고 있다는 것을 아시는지요. 왜 대한민국 청년들이 중소기업을 꺼리는지, 음지에서 행하는 조용한 갑질을 나라에서 아시는지요. 대통령상? 지역민 우수채용기업상? 상공인의 날 모범상? 빛 좋은 개살구, 허울뿐인 상장들인 것 같습니다."

병역특례로 IT 기업 전문연구요원으로 입사한 또 다른 한 청년은 대표이사의 무시와 폭언 때문에 괴로웠다. 익히는 데 2년 정도 걸리는 프로그래밍언어(C++)를 1~2주 만에 익히라고 했다. 일주일 만에 인공지능 알고리즘(MLP)을 C++로 구현하라고 했다. 못하면 공개적으로 모욕과 멸시를 줬다. 채용정보 사이트 '잡플래닛' 평가가 심각하게 좋지 않자 직원들에게 틈만 나면 긍정 평가를 하라고 했다.

전문연구요원은 외근이나 출장, 야근, 주말 출근이 없다는 말도 거짓이었다. 주말에 문을 잠가둔다는 말도, 자유복장이라는 말도 사기였다. 남도 끝까지 출장을 가야 했고, 야근은 일상이었다. 토요일 아침 출근해 회사에서 밤새우고 일요일 저녁에야 퇴근하는 요원도 있었다.

회사는 출퇴근시간을 조작했다. 출입문 지문 시스템에 인증한 시간이 아닌 업무관리 시스템에 로그인한 시간이 출근시간이었다. 야근을 하든, 밤을 새워서 아침까지 일하든, 퇴근시간은 무조건 오후 6시로 고정됐다. 당연히 추가수당은 없었다.

사기업만이 아니었다. 정부기관 전문연구요원으로 군복무를 대신하는 한 젊은이는 사무관에게 견디기 힘든 욕설과 모욕을 당한다고 했다. 사무관은 "군대 안 다녀와서 저렇게 행동한다" "군인이니까 엘리베이터 이용하면 안 된다" "군대에 보내버리겠다"는 말을 입에 달고 살았다. 그는 군복무를 마칠 때까지 제정신으로 버틸 수 있을지 걱정이라고 했다.

대체복무자들의 인권

"병특들 두들겨 맞아야지. 살기 좀 편한가봐?" 한 정보통신업계 병역특례 노동자가 관리자들에게 매일 듣는 소리다. 산업기능요원은 자진퇴사 시 복무기간 중 4분의 1만 인정받고 사회복무요원(공익)으로 근무해야 한다. 악덕 사장들에게 산업기능요원은 사복 입은 군인, 까라면 까야 하는 이등병이다. 2018년 3월, 마도로스를 꿈꾸며 해양대를 졸업하고 배에 올랐던 승선근무예비역 구민회 씨가 상사의 괴롭힘을 유서로 남기고 자살하는 사건도 있었다.

병무청에 따르면 중소기업에서 근무하는 산업기능요원이 1만

3,000명, 연구기관 전문연구요원이 2,500명, 해운·수산업체 선박 승선근무예비역이 1,000명이다. 병무청은 산업기능요원의 산업재해와 임금체불 피해가 늘어남에 따라 최저임금 위반 시 병역지정업체 선정을 취소하는 등 강력히 제재하기로 했다.

정부의 공공부문 갑질 근절 대책 사업으로 고용노동부와 병무청이 산업기능요원 갑질 실태를 조사해보면 어떨까? 1만 6,000명 중 회사에서 인간다운 대우를 받았다는 요원이 몇이나 될지 궁금하다.

파
견

정규직의 노비가 된 보안요원

2010년 초 신축공사를 마친 신한생명 천안연수원에서 보안요원을 뽑았다. 제복을 입고 연수원의 질서와 보안을 유지하는 일. 상하 씨는 입사지원서와 여러 자격증을 냈고, 다음 날 출근하라는 합격 통보를 받았다. 그를 채용한 회사는 '신한서브'로 인력 제공과 시설물 관리 용역업을 했다. 그런데 그의 면접관은 신한생명 본부장이었다. 업무를 지시·감독·관리하는 이는 신한서브가 아니라 연수원에서 일하는 신한생명 직원이었다. 계열사와 비슷한 관계가 아닐까 생각했다.

이곳에서는 신한생명 임직원 행사가 연 15회 이상 열렸다. 인원이 많으면 비번임에도 출근 명령이 떨어졌다. 행사는 새벽까지 이어지기 일쑤였다. 신한생명 직원은 보안요원에게 사장을 숙소까지 모시라고 지시했다. 행사장에서 불과 30미터 떨어진 거리였다. 새벽까지 술을 마시느라 난장판이 된 식당의 음식물을 버리고 책상을 나르고 청소해야 했다. 만취한 직원이 엘리베이터에 쏟아놓은 배설물도 치웠다. 신한생명은 생수 수백 병을 나르고, 교육생에게 이불과 수건을 가져다주고, 연수복 350벌을 정리해 온수에 담그는 일까지 보안요원에게 시켰다.

그와 동료들은 월평균 340시간 일했다. 연평균 4,080시간이었다. 세계 2위를 달리는 한국 노동자들의 평균 노동시간 (2,052시간)의 두 배였다. 무쇠라도 버티기 어려운 장시간 노동, 만능 스포츠맨의 몸에 이상이 왔다. 쉴 새 없이 식탁과 의자를 나르던 어느 날, 손목에 물혹이 생겼다. 그는 신한서브 반장에게 산업재해를 신청했지만 안 된다고 했다. 겨울철 제설 작업을 위해 염화칼슘 300포대 이상을 옮기다 이번에는 양쪽 손목 모두 물혹이 생겼다. 그는 개인 돈으로 병원 치료를 받았다. 의사는 완치가 불가능하다고 했다.

어느 여름날이었다. 신한생명 연수원장이 금붕어를 키운다며 연못 청소를 하라고 했다. 식당에서 크루아상을 너무 많이 준비했다고 근무자들을 위해 남겨놓자 연수원장은 빵을 전부 금붕어 밥으로 주었다. 겨울철엔 금붕어가 얼어 죽는다고 보안요원들을 시켜 금붕어 수백 마리를 대야로 옮겨 호수에 풀어줬다.

"우리는 연수원장에게 금붕어보다 못한 존재가 아니냐며 동료들과 푸념했던 기억이 생생합니다."

그는 다른 기관의 보안요원을 만났다. 왜 보안업무가 아닌 일을 하느냐고 의아해했다. 한 동료가 노동법을 찾아봤다. 보안팀과 시설팀 동료 9명이 모였다. 자료를 모아 노무사를 찾아갔다. 받지 못한 연장·야간·휴일근로수당이 월 200만 원이 넘었다. 고용노동부에 9명의 3년 치 체불임금 5억 원을 받아달라는 진정을 냈다.

더 중요한 사실이 있었다. ①신한생명이 채용절차에 참여했고 ②신한생명 팀장이 작업 배치와 변경 결정권을 행사했고 ③신한생명이 당직 등 근태관리권과 징계권을 가졌으며 ④신한생명이 모든 작업 지시를 했고 ⑤신한생명이 평가와 교육까지 했기 때문에 파견법에 따라 2년이 지난 시점에서 신한서브가 아니라 신한생명 직원으로 직접고용돼야 한다는 것이었다. 그와 동료들은 고용노동부에 불법파견 진정을 냈다.

그런데 고용노동부 근로감독관이 3차례 조사하더니 4개월 뒤 타지로 발령이 났고, 두 번째 감독관이 추가로 2차례 조사하더니 한 달 만에 세종시로 갔다. 세 번째 감독관은 "최대한 빨리 결론을 내겠다"는 말만 되풀이하면서 6개월을 흘려보냈다. 고소 취하 조건으로 근로조건을 개선하고, 업체가 바뀌어도 고용을 승계하고, 합의금을 주겠다는 회유가 들어왔다. 신한생명이 신한서브와 도급계약을 해지하려 한다는 협박도 들려왔다. 그와 동료들은 불법파견을 인정받아 신한생명 정규직의 노비로 살아야 했던 지난 세월의 한을 풀고 싶어 회유를 거부했다. 고용노동부에서 불법파견을 인정받았고, 상하 씨와 동료들은 정규직이 됐다.

파견법 시행 20년

"대형 금융사 협력업체 IT 업무를 하고 있습니다. 외부에서 파견된 직원들에게는 일단 계약 전 선투입으로 무임금 노동을 시킵니다. 명절, 공휴일, 주말에도 무조건 출근해야 합니다. 프로젝트기간 중 휴가라도 쓰는 날엔 눈치가 어마어마합니다. 근무환경도 내부 직원용 시설이며 비품은 신식으로 깨끗하게 맞춰놓고, 외부 직원들에게는 중고로도 팔리지 않을 다 낡고 먼지 가득한 책상과 의자를 줍니다. 제공하는 컴퓨터도 마찬가지이고요. 내부 직원동은 정수기, 냉장고, 전자레인지도 구비되어 있는데, 외부 직원동은 스틱커피 같은 자잘한 모든 것도 알아서 준비해야 합니다. 청소도 외부 직원동은 전혀 해주지 않습니다. 사소한 것부터 모든 것을 차별받고 있다고 확실하게 느끼게 하는 풍경입니다. 하청들만 죽어납니다."

파견법이 시행된 지 20년이 지났다. 외환위기를 맞은 1998년 김대중 정부는 국제통화기금(IMF)의 노동유연화 요청으로 정리해고제와 파견법을 통과시켰다. 해고된 일자리는 파견·하청·용역으로 채워졌다. 전국 국가공업단지에는 파견법을 악용한 3개월, 6개월짜리 초단기 파견직이 넘쳐난다. '파견인생'은 '파리인생'이 됐다. 외환위기는 3년 만에 극복했는데 악법은 20년 동안 맹위를 떨치고 있다.

무엇보다 심각한 문제는 노조가 없는 사업장의 도급·하청·용역 노동자는 상당수가 파견노동자임에도 본인이 파견직이라는 사실조차 알지 못한 채 일한다는 점이다. 사용자들이 도급·하청·용역이라는 이름으로 사실상 파견노동을 광범위하게 쓰는데, 정부는 어떤 감독과 규제도 하지 않고 있다.

사회복지시설

아동에겐 학대, 직원에겐 갑질

YWCA가 운영하는 아동보육시설에서는 젖먹이 갓난아이부터 고3까지 여자아이들만 생활한다. 부모에게 버려진 아이의 상처를 위무하는 일, 고되지만 행복한 직업이라고 생각했다. 아이들은 '이모'라고 불렀다. 엄마 자리를 대신할 수는 없지만, 편안하고 친근한 이모가 되고 싶었다. 생활지도원으로 일하는 지영 씨는 사랑을 듬뿍 받은 아이들이《키다리 아저씨》의 주디처럼 세상에 나가 당당하게 살아가길 바라며 성심을 다해 일했다.

그런데 보육시설이 평온한 적이 없었다. 목사인 원장은 교사들을 믿고 아이들을 맡겼다가 아동학대 사건이 터져 그만뒀고, 다음 원장은 아동생계비 공금횡령 사건으로 쫓겨났다. 아이들은 시설이 사라질까봐 걱정했다. 지영 씨는 좋은 사람이 와서 아이들이 평화롭게 지내길 소망했다.

새 원장은 이상했다. 제때 출근하지 않고 며칠씩 안 보이기도 했다. 원장은 시설 차량을 이용해 출퇴근하고 개인 승용차처럼 썼다. 아동에게만 써야 할 생계비 카드를 쓰고 다닌다는 얘기가 돌았다. 휴가 중인 직원에게 업무 복귀를 지시했고, 응하지 않으면 다음 날 조회 석상에서 혼을 냈다. 마음에 들지 않는 직원을 괴롭히기 위해 아이들을 이용했다. 아이들에게 이모가 뭘 잘못했는지 꼬치꼬치 캐물어 아이들을 학대했다는 식으로 몰아갔다. 원장의 괴롭힘을 견디지 못한 직원이 정신병원에 입원하기도 했다. 원장에게 찍힌 이모들이 시설을 떠났다.

2016년 1월이었다. 고2 학생이 제 돈으로 쌍꺼풀수술을 하고 돌아왔다. 평소 운영위원들에게 '뒷담화'를 하고 다닌다고 원장이 싫어하던 학생이었다. 원장은 생활지도원들에게 보고서를 쓰라고 했다. 학생의 평소 악행을 강조해서 쓰게 했다. 원장은 학생을 정신병원에 입원시키겠다고 했다. 운영위원장과 한 선생님이 한 번만 봐주면 안 되겠느냐고 했지만 기어이 병원에 데려갔다. 정신병원 의사는 "허락받지 않고 쌍꺼풀수술을 한 게 무슨 정신병원 입원 사유가 되느냐"며 입원을 거부했다. 원장은 동행한 직원들에게 사실을 누설하지 말라고 한 뒤, 학생에게 "의사가 입원시키라고 했는데 내가 한 번만 봐달라고 했으니, 앞으로 말을 잘 들어야 한다"고 했다.

직원들에게 갑질하는 건 참을 수 있는데, 아이들을 괴롭히는 건 견디기 힘들었다. 2017년 6월, 지영 씨는 정신병원 강제입원 미수사건을 국가인권위원회에 진정했다. 국가인권위에서 학생에게 전화가 걸려왔다. 어떤 협박이 있었는지 학생은 조사를 원치 않는다고 했고, 국가인권위는 손을 뗐다. 그는 직장갑질119에 제보했고, 뒤늦게 국가인권위가 직권조사에 나섰다.

국가인권위가 해당 시설에서 생활 중인 아동을 상대로 설문조사를 했다. "문제행동을 일으키면 정신병원에 입원시킨다는 사실을 들어본 적이 있거나 실제 입원한 아동을 알고 있는가"라는 질문에 78퍼센트가 "그렇다"고 답했다. 조사 결과 2012년 이후 이 시설에서 생활한 아동 중 5명을 정신병원에 입원시켰고, 아동의 동의 없이 원래 가정에 돌려보내거나 다른 시설로 옮기려 한 사실을 확인했다. 인권위는 △원장 해임 등 중징계 △아동과 시설 종사자 간 관계회복 대책 실행을 권고했다. 자치단체장에게는 관내 아동양육시설의 관리·감독을 강화하라고 했다.

"작년 6월 진정을 넣었을 때 국가인권위가 적극적으로 나섰다면 피해자가 더 나오지 않았을 텐데, 세월이 지나 이런 결정이 나와서 아이들이 겪은 고통이 너무 큽니다. 상처가 빨리 치유됐으면 좋겠어요."

지역 토호들 놀이터 된 시설

신앙의 힘과 봉사정신으로 사회복지시설을 운영하는 종교인도 많다. 그런데 많은 사회복지시설 노동자들이 원장의 횡포와 갑질을 신고한다. 무소불위 권력을 가진 원장은 직원들에게 제사음식을 만들게 하고 이삿짐을 나르게 했다. 직원을 종 부리듯 하는 원장이 학생이나 장애인에게 자상할 리 만무하다.

거동이 불편한 노인들이 생활하는 요양시설. 돈 아낀다고 한겨울에 난방을 꺼서 노인들이 추워 벌벌 떤다. 폭염에도 에어컨을 틀지 못하게 한다. 감독기관은 언론에 보도될 때만 호들갑을 떨 뿐, 지역 토호들의 놀이터가 되어버린 사회복지시설을 개혁할 생각이 없다.

①후원 강요 금지 ②종교행사 강요 금지 ③연장근로수당 지급. 사회복지노조의 3대 요구다. 전국 사회복지시설의 공통 갑질이 드러나는 부분이기도 하다. 권력을 휘두르는 원장에 집단으로 대응하기 위해 사회복지노조를 만들었지만 노조 가입률이 1퍼센트밖에 되지 않는다. 사회복지사들이 뭉쳐야 원장의 횡포를 막아내고, 시설을 민주적으로 운영할 수 있다.

정부가 공공기관부터 갑질을 근절하겠다고 발표했다. 사실 해결방법은 의외로 간단하다. 1년에 한두 번, 불시점검을 나가 직원과 수용자들에게 익명 설문조사를 하면 된다. 갑질과 학대가 고스란히 드러난다. 하지만 보건복지부도, 지방정부도 손을 놓고 있다. 이게 뭐 그리 어려운 일인가?

정부의 관리감독

"대기업이라 부담되는데…"

현진 씨는 2010년 KT 휴대전화 배송 업무를 시작했다. 고객에게서 고장 난 휴대전화를 받아 수리를 맡긴 뒤 수리된 제품을 가져다주는 일이었다. KT에서는 '모바일서포터'라고 했고, 전국 6개 물류센터에서 74명이 일했다. KT 자회사 케이티링커스는 현진 씨를 개인사업자로 등록시켜 매년 '물류용역계약'을 맺었다.

1인당 담당하는 대리점 수만 400곳에 이르렀다. 회사는 업무용 개인휴대정보단말기(PDA)를 지급했고, '케이티링커스 물류사업팀'이라는 인터넷카페, 단체대화방, 전자우편 등으로 일정·수행법·교육 등 업무 관련 사항을 전달했다.

개인사업자라면 자유롭게 계약한 업무를 처리할 수 있어야 한다. 그런데 현진 씨에게 자유란 하나도 없었다. 케이티링커스로 출근하지는 않았지만 매일 아침 9시 특정 지역에 도착해 접수된 방문 건을 처리했고, 오후 1시 대리점을 방문해 택배 발송 등을 하고, 밤 8시부터 10시까지 전산으로 정리해야 일과를 마칠 수 있었다.

휴가를 가려면 기간, 사유, 장소, 긴급연락처, 대체근무자 등을 쓴 문서를 팀장에게 내고 승인받아야 했다. 현진 씨는 9년 동안 딱 하루 휴가를 썼다. 회사는 불시에 복장상태를 사진 찍어 보내라고 지시했다. 휴대전화 배송 업무만 있는 게 아니었다. 케이티의 '액세서리 판매 업무'를 공지해 실적과 재고를 보고하게 했고, 판매 실적이 좋으면 표창과 시상금을 지급했다.

2018년 가을이었다. 휴대전화가 파손된 고객이 자기 아내의 연락처를 남겼다. 전화를 걸었더니, VIP라는 강남의 고객 아내는 수행하기 불가능한 요구를 했다. 어렵다고 했더니 욕설이 시작됐다. 그리고 회사에 민원을 넣었다. 담당 팀장은 현진 씨에게 사과하라고 했다. 사과할 일이 아니라고 했더니, KT에서 부서를 없앨 수도 있으니 동료를 위해서 하라고 강요했다. 그는 결국 세 번이나 사과했다.

고객 갑질 사건을 겪은 뒤, 그는 생각했다. 아침부터 밤까지 케이티링커스로부터 모든 업무를 통제·지휘받는데, 심지어 고객에게 사과하라는 지시까지 받는데, 자신이 왜 개인사업자인지 알 수 없었다. 그는 동료들과 함께 고용노동부에 케이티링커스 '근로자 지위 확인 진정'을 냈다. 그러자 케이티링커스는 진정을 낸 사람들의 계약을 해지했다. 9년을 일한 회사에서 하루아침에 쫓겨난 사람들은 억울했다. 노동위원회에 부당해고 구제신청을 냈다.

그런데 현진 씨는 고용노동부에서 더 충격적인 일을 겪었다. 근로감독관은 근로자 지위 확인 진정 사건처리기간을 연장하면서 진정인인 현진 씨와 동료들의 동의를 구하지 않았다. 외근직인데 10년 치 출근한 기록을 가져오라 했고, 제출한 증거자료는 거들떠보지도 않고 질문만 했다. 두 시간 동안 휴대전화를 쓰지 말라고, 그리고 녹음하지 않는다는 각서를 쓰라고도 했다. 현진 씨와 동료들이 항의하자 근로감독관은 현진 씨와 동료들의 근로자 지위가 인정된다고 보고를 올렸는데, 윗선에서 반려했다고 전했다. 현진 씨는 고용노동부 근로개선지도과장 면담을 요구했다. 과장은 "KT라는 대기업과 진행되는 사항이라 부담이 된다. 당신들이 이기면 다른 근로자들에게 영향을 미친다"고 말했다. 현진 씨는 말문이 막혔다.

고용노동부는 "당사자 간 체결된 계약은 근로기준법이 적용되지 않는 민사상 계약(물류용역계약)으로 확인되어 행정종결(법 적용 제외)하였음을 알려드린다"는 공문을 보냈다. 공문에는 왜 근로자가 아닌지 단 한 글자도 쓰여 있지 않았다. 진정인들이 항의해 재진정을 하자 근로개선지도과장은 노동위원회 부당해고 구제신청에서 승소하면 인용하겠다고 말했다. 노동위원회는 진정인들이 케이티링커스의 지휘·명령에 따라 일한 근로자이기 때문에 기간제법에 따라 2년이 경과한 2015년부터 "기간의 정함이 없는 근로계약을 체결한 근로자로 봄이 타당하다"고 판정했다.

그런데 고용노동부는 "민사상 계약(물류용역계약)으로 확인되고, 진정인들을 근로기준법상 근로자로 보기 어려워 행정종결 하였음을 알려드린다"고 다시 공문을 보냈다. 그해 고용노동부 는 케이터링커스를 '일·생활 균형 파트너 기업'으로 선정했다. 현진 씨는 근로감독관들과의 대화내용을 녹음한 뒤 "기업과 고 용노동부의 유착이 니무 심각하다"며 직장갑질119에 제보했다.

케이터링커스는 노동위원회에서 근로기준법상 근로자라는 판정이 나자 현진 씨와 동료들에게 돈으로 합의하자고 했다. 회 사에 남은 사람들에게는 근로자 지위 인정에 영향을 미쳤다고 생각하는 항목을 없앤 계약서에 서명하라고 강요했다. 노동위원 회 판정에 따라 정규직으로 복직시키고 받지 못한 임금과 수당 을 주기는커녕 '신 노예계약서'를 만들어 불법고용을 계속하겠 다는 회사가 고용노동부의 파트너 기업이다.

근로감독관, 노동경찰로 거듭나야

"직장 상사로부터 폭행을 당했고 첨부한 음성파일로 녹취록을 만들 어 고용노동부에 신고했습니다. 근로감독관에게 진술했는데, 상처 라도 있어야지 이건 대화일 뿐이라고 하고, 멱살 잡는 건 폭행이 아니라고 합니다. 녹취록에 피고소인이 자백한 부분이 있는데도 회사 편을 들어요. 마치 가해자와 대화하는 듯했습니다. 포기하라고 떠미는 것 같아 마음에 상처를 많이 받았습니다."

"저희 회사에 최저임금 위반으로 근로감독관이 왔었습니다. 근로감독에 실효성은 전혀 없었습니다. 오히려 회사에서 내부고발자를 찾는 통에, 걸릴까봐 눈치 보며 죽은 듯 지냈습니다. 회사에서 꼼수로 상여금을 기본급에 포함시킨 내용에 근로감독은 형식적으로 이루어질 뿐이었습니다. 회사 측근에 따르면 오히려 근로감독관들이 이런 이슈를 부담스러워해 조용히 넘어갈 수 있게 회사에서 각종 서류를 잘 준비해주었으면 좋겠다고 했다는 뉘앙스였습니다."

노골적으로 회사 편을 들거나 사건처리에 능장을 부리고 합의를 강요하는 등 근로감독관의 직무유기. 직장인들은 분통을 터뜨린다. 폭행, 성폭력 등 가해자와 피해자가 특정되는 사건과 달리 회사에서 벌어지는 근로기준법 위반은 전체 직원에게 똑같이 적용된다. 따라서 제보자(진정인)의 신원을 노출하지 않아도 근로감독을 통해 불법을 확인할 수 있다. 직장 상사가 부하직원들에게 가하는 폭언이나 괴롭힘도 마찬가지다. 그래서 고용노동부도 익명으로 근로감독 청원이 가능하도록 하고 있다.

그런데 근로감독관들이 진정인의 신원을 노출하는 바람에

결국 회사에 찍혀 불이익을 당하다 그만두게 되는 일이 빈번하게 벌어진다. △수시·특별감독 확대 및 불시감독으로 전환 △근로감독 청원제도 활성화 △신고를 이유로 한 불이익 금지 △사건처리 과정 개선 △강력한 처벌 의지 등 근로감독의 일대 혁신이 필요하다. 근로감독관이 사용자의 '졸개'가 아니라 부당한 대우를 당해 고통 받은 직장인들을 위로하고 불법을 바로잡는 노동경찰로 거듭나야 한다.

Q&A | 사각지대
좋은 정부라면

근로기준법이 일부만 적용되는 가족회사, 4인 이하 사업장, 산업기능요원, 파견노동, 사회복지시설 등 노동인권의 사각지대 문제가 심각하다. 문제는 정부다. 직장인들의 눈물을 닦아줘야 할 근로감독관은 회사 편을 들거나 제보를 귀찮아하고, 근로감독은 기업에게 서류 조작을 통한 면죄부를 주는 꼴이다.

월급 떼이는 직장인. 정부가 먼저 체불임금을 주고, 사업주에게 받아내면 된다. 월급 도둑 사업주에게 200퍼센트 부과금을 징수하고, 임금채권 소멸시효를 3년에서 5년으로 연장하면 된다.

갑질당하는 직장인. 갑질 가해자 처벌조항을 만들고, 근로감독해서 노동법 위반 잡아내고, 임기와 권한을 가진 근로자대표를 직접·비밀선거로 뽑도록 법을 바꾸면 된다.

해고당하는 직장인. 사업주가 용역·하청 못 쓰게 하고, 용역업체 변경하면 고용승계하게 하고, 불법파견하면 처벌받게 하면 된다. 좋은 정부라면.

1. 군대를 대신해 복무하는 노동자는 무조건 참아야 하나?

병역법의 복무관리 위반이나 근로기준법 위반으로 벌금 이상의 형이 확정되면 회사는 병역지정업체 선정이 취소된다. 부당한 지시, 장시간 근로, 직장 내 괴롭힘의 증거를 모으는 게 중요하다. 대체복무기간에는 회사에 문제를 제기하기가 어렵지만 대체복무기간이 끝나도 제소기간, 고소기간은 남는다. 명예훼손이나 모욕죄의 형사고소기간은 6개월, 민법상 손해배상 소송의 제소기간은 10년이다.

2. 파견노동이란?

파견은 파견법에 따라 파견사업주가 노동자를 고용한 후 그 고용관계를 유지하면서 파견계약의 내용에 따라 사용사업주의 지휘·명령을 받아 사용사업주를 위한 근로에 종사하게 하는 것을 말한다. 청소원, 경비원, 주차관리원 등 32개 업종에만 허용되어 있고, 제조업 직접생산공정 업무는 금지되어 있으며, 2년이 지나면 사용사업주가 직접고용해야 한다. 제조업에서 사내하청으로 일하고 있다면 파견일 가능성이 높다. 현대차 등 제조업 사내하청 노동자들이 법원에 근로자 지위 확인소송을 내 정규직을 인정받았다.

3. 사회복지시설의 인권침해와 노동권침해는 어디서 구제받을 수 있나?

사회복지시설의 인권침해는 국가인권위원회를 통해 구제받을 수 있고, 사회복지시설 종사자의 노동권침해는 일반 노동자와 마찬가지로 고용노동부를 통해 구제받을 수 있다. 복지시설의 특성상 실명 신고가 어렵기 때문에 증거를 모아 익명으로 근로감독을 청원할 수 있다. 사회복지노조도 있고, 직장갑질119 산하 사회복지119 온라인모임도 운영하고 있다.

4. 근로감독관이 노골적으로 회사 편을 드는데?

해당 고용노동부 민원실에 근로감독관 교체를 요구할 수 있다. 인원 부족을 이유로 변경이 불가능하다는 답변을 받았다면 국민신문고에 해당 감독관 교체를 요청할 수 있다. 하지만 고용노동부가 근로감독관을 옹호하고, 바뀐 근로감독관이 비슷한 태도를 보일 수도 있다. 이런 경우에는 사건이 무혐의로 종결된 후 다시 조사를 요구하는 재진정 제도를 활용할 수 있다.

10

퇴사

해
고

신종 갑질 '해고 철회'

용접사인 민준 씨는 조선소 협력업체에 다닌다. 조선소와 발전소의 온수가열기, 열교환기 등 조선 기자재를 만든다. 보수는 많지 않지만 용접 일은 괜찮았다. 자신에게 주어진 일을 열심히 하면 상사의 간섭이나 괴롭힘을 당할 일이 없는 것도 좋았다.

오전 작업을 하던 날 눈이 심하게 아팠다. 그는 조퇴를 신청했다. 오후에 출장을 가라는 지시가 있었지만, 민준 씨는 병원에 가야 해서 출장이 어렵다고 말하고 조퇴했다. 다음 날 출근했더니 관리자의 눈빛이 차가웠다. 이사가 면담을 요청했다. 회사를 그만두라고 했다. 이유는 말해주지 않았다. 해고할 때는 30일 전에 반드시 서면으로 통지해야 한다는 얘기를 들은 기억이 났다. 해고통지서를 달라고 했다. 이사는 다음 날 준다고 했다. 그는 짐을 싸서 집으로 돌아왔다.

회사 관리팀에서 전화가 왔다. 해고통지서를 어디에 쓰는지 물었다. 민준 씨는 대답할 이유가 없다고 했다. 관리팀 대리가 출근하라는 문자를 보냈다. 민준 씨는 해고를 통보한 이사에게 직접 전화하라고 전했다. 이사가 연락해 그에게 해고는 없던 일로 하겠다고 했다. 하루는 유급휴가로 쉬고 다음 날 출근해서 다시 이야기하자고 했다. 뭔가 께름칙했지만 출근하기로 했다.

이사는 해고한 적이 없다며 그에게 일하라고 했다. 민준 씨는 작업복을 입고 용접을 준비했다. 그런데 회사는 용접 대신 청소를 시켰다. 청소가 끝나면 그라인더(공작물 면을 깎는 일) 작업을 시켰고, 다시 청소하게 했다. 그는 말없이 시키는 일을 했다. 며칠 뒤 회사는 주휴수당과 연차수당이 임금에 포함됐다는 내용의 근로계약서에 서명하라고 했다. 입사할 때도 쓰지 않았던 근로계약서다. 그는 '근로조건 불이익 변경'에 동의하지 않는다며 서명을 거부했다.

괴롭힘이 한층 심해졌다. 용접 업무를 아예 주지 않고 청소와 잡일만 시켰다. 사장은 그에게 낙엽을 쓸라고 했다. 사장은 이어폰을 끼고 청소하는 민준 씨 모습을 휴대전화 카메라로 찍었다. 다음 날 회사에 근무시간에 이어폰 착용을 금지한다는 공지문이 붙었다. 사장은 민준 씨를 쫓아다니며 이어폰을 끼지 말라고 했다. 회사에서 지급하는 귀마개를 사용하면 통증이 있어서 이어폰을 써야 한다고 했는데도 막무가내였다.

며칠 뒤 회사는 민준 씨에게 경고장과 징계위원회 출석통보서를 보냈다. 경고장은 황당했다. 눈이 아파 조퇴한 날을 '출장작업 지시 거부'로, 줄자가 없어서 파손된 줄자를 주워 썼는데 '근무 중 줄자 고의 파손'으로 적었다. '근로계약서 서명 거부'와 '근무 중 이어폰 착용 금지 위반'도 포함됐다. 차라리 해고하면 부당해고로 신고하면 되는데 감봉과 징계로 피 말리게 하는 게 짜증 났다.

회사 대표와 관리자로 구성된 징계위원회는 민준 씨에게 정직 1개월이라는 중징계를 내렸다. 민준 씨는 노동위원회에 부당징계 구제신청을 내고, 고용노동부에 체불임금도 진정했다. 한 달 뒤 복귀하자 회사는 합의를 제안했다. 그가 체불임금 지급과 해고 위로금을 제시하자 회사는 금액이 많다며 합의를 거부했다.

며칠이 지났다. 쉬는 시간에 자리에 앉아 있는데 사장이 그의 옷을 잡아끌고 나가 쓰레기통 주변을 청소하라고 했다. 민준 씨가 거부하자, 사장은 해고라며 집으로 가라고 했다. 그는 해고 통지서를 달라고 했다. 다음 날 회사는 다시 "해고 철회 대기발령"이라는 문자를 보냈다. 민준 씨는 다시 출근했다.

갖은 모욕을 감수하며 현장사무실에 앉아 대기했다. 체불임금 진정 뒤 고소 단계로 가자, 회사는 체불임금을 입금하더니 고소를 취하해달라고 했다. 민준 씨는 고소한 뒤의 체불임금이 더 있어서 고소를 취하하지 않았다. 회사는 민준 씨가 현장사무실에 대기하면서 휴대전화를 본다는 이유 등으로 다시 징계위원회에 회부했고 해고를 결정했다. 민준 씨는 부당해고 구제신청을 준비했다. 그러자 회사는 다시 위로금 합의를 요청했고, 그가 제시한 금액으로 합의했다.

불법해고 철회하면 무죄?

근로기준법 제26조(해고의 예고)는 "사용자는 근로자를 해고하려면 적어도 30일 전에 예고"를 해야 하고, 제27조(해고사유 등의 서면통지)는 "해고사유와 해고시기를 서면으로 통지하여야 한다"고 명시한다. 서면이 아니면 효력이 없기 때문에 노동위원회에서 부당해고로 인정돼 해고기간의 임금을 받을 수 있다.

사용자가 평소 맘에 들지 않는 직원을 말 한마디로 쫓아냈다가 부당해고라는 사실을 알고 곧바로 해고를 철회하는 경우가 많다. 그리고 해당 직원에게 업무를 주지 않거나 괴롭혀서 스스로 나가도록 한다. 그래도 직원이 버티면 지시 불이행과 근무태만으로 엮어 징계해고로 쫓아낸다. 해고→철회→괴롭힘→자진퇴사 유도→징계해고 순이다. 해고를 철회하면 부당해고 구제신청의 실효가 사라진다는 점을 악용하는 것이다.

노동자가 사직 의사를 철회하려면 사용자 동의가 필요하지만, 사용자는 노동자 동의 없이 해고를 철회할 수 있다. 일방적으로 해고를 철회한 뒤 노동자가 응하지 않으면 결근으로 처리한다. 자진퇴사가 되고 실업급여도 받기 어렵다. 신종 '해고 철회 갑질'이다.

월급 떼먹었다 갚으면 면죄, 불법으로 해고했다 철회하면 무죄라니, 길거리에서 돈을 빼앗았다가 뒤늦게 되돌려주면 처벌하지 않는다는 것이다. 불법을 방치하니 반성을 모르는 못된 사장들이 넘쳐난다. 악의적이고 상습적으로 해고와 철회를 반복하는 사용자를 엄하게 처벌해야 악질 사장이 줄어든다.

실업급여

다른 필체의 사직서

간호사인 해인 씨는 병원생활이 나쁘지 않았다. 환자들을 돌보는 것도 좋았지만, 무엇보다 같이 일하는 동료들이 마음에 들었다. 사명감 없이는 하기 힘든 간호 업무였지만, 고마움을 표하는 환자들을 만날 때면 피로와 스트레스가 사라지곤 했다. 실력 있고 따뜻한 간호사로 살아가고 싶었다.

그런데 간호팀장의 괴롭힘이 장난이 아니었다. 향정신성 의약품 잠금장치가 열려 있다고 경위서를 쓰게 하고, 가르쳐준 내용을 기억하지 못한다고 반성문을 써 내라고 했다. 또 반성문을 제출하는데 반항하는 눈빛과 표정이라고, 반성의 기미가 없다고, 동료들과 의사 앞에서 모욕을 줬다. 반성문이 마음에 들지 않는다며, 해인 씨가 보는 앞에서 반성문을 찢고 다시 써 오라고 했다.

어느 날부터는 동료들이 따돌리기 시작했다. 팀장이 근처에 있을 때면, 동료 간호사들은 해인 씨 질문에 대꾸하지 않았다. 한 동료가 찾아왔다. 팀장이 해인 씨를 '왕따'시키라고, 하는 말에 대꾸하지 말라고 했단다. 팀장이 해인 씨를 욕할 때는 자신도 어쩔 수 없이 같이 욕했다고, 그러지 않으면 자기들도 괴롭힘을 당할 테니까. 그의 괴롭힘을 견디지 못하고 많은 간호사가 병원을 떠났다고 했다.

그래도 해인 씨는 팀장과 잘 지내보려고 애썼다. 동료들에게 조언을 구하며 비위를 맞추려고 했다. 하지만 헛일이었다. 이제는 아예 "사직할 거야? 부서 이동할 거야?"라고 물었다. 같이 일하기 싫으니 그만두거나 부서를 옮기라는 거였다. 해인 씨는 사직을 원하지 않는다고 했지만, 그는 같은 질문을 계속했다.

해인 씨는 그동안 당했던 고통을 정리해 간호부장에게 보내고 면담을 신청했다. 하지만 간호부장 역시 팀장 편이었다. 간호부장은 해인 씨에게 사직서를 내면 바로 수리하겠다고 했다. 계속 일하고 싶다고 했더니, 간호조무사 업무를 하든가, 죽어도 가기 싫은 부서로 가라고 했다.

그러던 어느 날 호출을 당했다. 한 시간 내에 사직서를 쓰라고 했다. 수간호사와 간호부장이 사직서를 내밀었다. 해인 씨는 퇴직 사유를 "원하지 않는 부서 이동, 간호조무사 업무 배치, 사직권고"라고 썼다. 눈물을 흘리며 병원 문을 나섰다.

실업급여를 받기 위해서는 회사가 먼저 근로복지공단에 '이직확인서'와 '고용보험 피보험자격상실 신고서'를 제출해야 한다. 그다음에 본인이 관할 고용센터나 근로복지공단에 실업급여 '수급자격인정 신청서'를 제출해야 한다. 며칠 후 고용보험 홈페이지에서 회사가 이직확인서를 제출했는지 확인했더니, 이직 사유에 "부서 이동, 담당 업무 변경에 대하여 수용할 의사 없

음으로 퇴사"라고 적혀 있었다. 회사가 이직 사유를 권고사직이
아니라 자진퇴사로 신고한 것이다. 그는 관할 고용센터에 가서
실업급여 수급자격인정 신청서를 내면서, 권고사직임을 입증할
증거자료를 제출하기로 했다.

그런데 병원에서는 자진퇴사로 처리하려고 고용센터에 해
인 씨의 사직서를 제출했다. 살펴보니 그날 해인 씨에게 강제로
받은 사직서가 아닌 다른 사직서였다. 필체가 달랐다. 병원에선
총무과 직원이 적었다고 했다. 해인 씨는 사직서가 조작되었음
을 밝혀줄 증거자료를 고용센터에 제출했다.

며칠 뒤 근로복지공단에서 '고용보험 피보험자격확인 청구
서 처리 결과 알림'이라는 공문이 왔다. "간호부장을 면담한 사
실이 확인되지 않고, 객관적인 자료가 없어 사실 확인이 불가"
하다고 했다. "부서 이동 및 업무 변경에 대하여는 근로조건 변
동에 대한 계속 근로를 위한 독려 차원의 표현이지 실제 퇴사
를 권고하는 표현으로 보기 힘들다고 판단된다"고 했다. 그래서
"권고사직으로 인해 퇴사한 것으로 볼 수 없다"고 했다. 일하기
싫어 제 발로 스스로 나갔다는 것이다.

기어이 '자진퇴사'로
만들고 마는 이유

고용보험법 시행규직 제101조(이직 사유에 따른 수급자격의 제한 기준) 제2항에 따라 실업급여를 받을 수 있는 정당한 사유는 근로조건 저하, 임금체불, 최저임금 위반, 불합리한 차별대우, 성적인 괴롭힘, 대량 감원 예정, 경영 악화에 따른 퇴직희망자 모집 등이다. 그 외에 "통상의 다른 근로자도 이직했을 것이라는 사실이 객관적으로 인정되는 경우"다. 직장 내 괴롭힘 금지법이 만들어진 후 사유에 직장 내 괴롭힘이 추가됐다.

그러나 자진퇴사는 실업급여를 받을 수 없다. 사장, 직장 상사의 괴롭힘을 견디지 못해 퇴사해도, 회사가 이직확인서와 고용보험 피보험자격상실 신고서에 이직 사유를 '개인 사정'으로 적으면 실업급여를 받기 어렵다. 스스로 이직한 것이 아니라 강제로 사직서를 썼어도, 회사가 자진퇴사라고 주장하면 입증책임은 오로지 노동자가 져야 한다. 현행 고용보험법상 권고사직을 입증하는 책임이 노동자에게 있기 때문이다. 이를 대비해 사직을 강요하는 대화나 카카오톡 내용을 저장해놓는 것이 중요하다.

그러나 실업급여는 퇴직 후 1년 안에 신청해야 하고 1년이 지나면 받을 수 없기에, 시간과 비용이 드는 행정소송은 실효성이 떨어진다. 고용센터나 근로복지공단에 '고용보험 피보험자 격확인 청구서'를 제출하는 것이 낫다. 기각되면 심사, 재심사를 청구해 자진퇴사가 아닌 권고사직을 인정받을 수 있다.

청년재직자 내일채움공제, 청년추가고용 장려금, 일자리안 정자금, 두루누리 지원금(고용보험 국민연금) 등 고용 관련 정부 지원금과 세제 혜택이 다양하다. 당연히 필요한 제도고 더 확대 돼야 한다. 그런데 악덕 기업주들이 직원을 해고하면 지원금을 받지 못하니까 괴롭혀서 내보내고 고용보험 상실신고서에 이직 사유를 자진퇴사로 적는다.

근본 해결책은 의외로 간단하다. 이직 사유를 노동자가 쓰 도록 하고, 입증 책임을 사용자로 바꾸면 된다. 상사의 갑질 때문 에 그만둔 노동자가 이직 사유를 '상사의 괴롭힘'이라고 적었다 면 실업급여를 지급하고, 회사에 자진퇴사라는 사실을 증명하도 록 하면 된다. 자진퇴사가 확인되면 실업급여를 반환하게 하면 된다. 부정수급이 많아질 것이라고? 쥐꼬리만 한 실업급여 받으 려고 멀쩡한 회사를 일부러 그만두는 직장인이 몇이나 되겠는가.

손해배상

권고사직한 직원에게
손해배상 소송

총무·회계 업무 구인광고를 본 경은 씨는 서류심사와 1차 면접에 합격하고 본부장과 2차 면접을 했다. 본부장은 근무기간이 3개월 또는 그 이상이 될 수 있다고 말했다. 계약직이면 입사하지 않으려 했는데, 본부장은 '기간의 정함이 없는 근로자', 즉 정규직이라고 했다. 연봉도 본부장과 상의해 결정했다. 본부장에게 근로계약서를 요구했지만 곧 주겠다는 말만 하고 근로계약서 교부를 미뤘다. 근로계약서를 쓰지 않는 게 마음에 걸렸지만, 3개월은 수습기간이라 생각하고 회사에 자신의 능력을 보여주면 되지 않을까 생각했다.

회사는 면접에서 이야기했던 업무보다 훨씬 더 많은 일을 줬다. 힘들었지만 경은 씨는 열심히 일했다. 그런데 이상한 일이 있었다. 회사에 운영자금이 부족한데 대표가 직원을 시켜 경은 씨에게 정당하지 않은 자금 지출을 요구했다. 채무자가 회사로 찾아와 대표가 빌려간 돈을 내놓으라고 협박하기도 했다. 회계 업무에 문제가 생기면 안 된다고 생각한 경은 씨는 부당한 지출을 하기 어렵다고 했다.

입사 한 달 뒤 경은 씨는 연차를 냈고, 승인을 받았다. 쉬고 있는데 본부장에게서 "근무를 이번 주 금요일까지만 해주세요. 그동안 수고했어요"라고 문자가 왔다. 황당했다. 일방적으로 통보하는 것이냐고 물었더니 이해해달라고 했다. 권고사직이냐고 했더니 계약종료라고 했다. 경은 씨는 계약기간의 정함이 없는 정규직이기 때문에 최소한 한 달 선에 해고를 통보하고, 해고예고수당도 지급해야 한다고 답신을 보냈다.

그러자 본부장은 계약기간은 유동적으로 얘기한 것이고, 일부 직원이 경은 씨를 불편해해서 조기에 구두계약을 종료하는 것이라고 했다. 회사 회계 업무를 혼자 하고 있는 터라 직원들과 부딪칠 일이 없었다. 부당한 회계지출 요구를 거부한 직원 말고는 불편함을 느낄 사람이 없었다. 원칙대로 회계 업무를 처리한 것이 싫었던 회사 쪽이 본부장을 통해 해고를 통보한 것이었다.

연차휴가 다음 날 얼굴 보고 얘기할 수도 있는데, 휴가 중인 직원에게 문자로 해고를 통보하는 회사라니, 기가 막혔다. 하지만 경은 씨는 싸우고 싶지 않았다. 해고예고수당도 필요 없다고 했다. 권고사직을 확인받아 퇴사하고 실업급여를 받으면서 다른 회사를 알아봐야겠다고 생각했다.

후임 회계담당에게 인수인계한 뒤 본부장과 나눈 문자를 보여주고, '건강보험 직장가입자 자격취득 신고서'의 '계약직 여부' 확인란에 '아니요'라고 된 내용을 확인시켜줬다. 후임자는 경은 씨 퇴사 사유를 '권고사직'으로 기입했다.

경은 씨는 실업급여를 3개월 받고 다른 회사에 취직했다. 그런데 최근 본부장이 전화를 걸어왔다. 고용보험 피보험자격상실 신고서에 권고사직을 자진퇴사로 정정하겠다고 했다. 직원 3명이 청년내일채움공제를 하고 있는데 경은 씨가 권고사직으로 처리되어 기업지원금을 받지 못하게 되었다며, 이 금액까지 손해배상을 청구하겠다고 했다. 앞으로 다른 회사를 가도 피해를 보게 하겠다고 했다.

근로복지공단에 확인했더니, 회사에서 이직 사유를 권고사직에서 자진퇴사로 정정신청을 한 터였다. 한마디 상의도 없이 문자로 해고를 통보한 회사가 8개월이 지나 고용보험 피보험자격상실 사유를 정정하고 손해배상을 청구하겠다니, 게다가 3개월 동안 받은 실업급여까지 반환해야 한다니, 경은 씨는 눈앞이 캄캄했다.

손해배상 소송은 대부분 협박용

평범한 직장인들에게 손해배상 소송은 두렵기만 하다. 법원 한 번 안 가본 회사원들에게 회사가 소송을 한다고 내용증명을 보내면 겁부터 먹기 마련이다. 변호사를 선임할 엄두를 내지 못하기 때문이다. 회사에 손해를 끼쳤다고, 돈을 횡령했다고, 기밀을 누설했다고, 기물을 파손했다고, 대표의 명예를 훼손했다고, 보안을 누설했다고… 돈 많은 사장들이 변호사 자문을 받아 직장인들을 위협한다.

대부분 협박용이다. 갑작스러운 퇴사로 회사에 손해를 입혔다는 것을 사용자가 입증해야 하는데, 입증이 쉽지 않기 때문이다. 안전하게 퇴사하려면, 근로계약서나 취업규칙에 나와 있는 퇴사규정에 맞춰 퇴사하는 게 좋다. 민법 660조(기간의 약정이 없는 고용의 해지통고)에 따라 한 달 전에 사직서를 내는 게 안전하다.

경은 씨는 직장갑질119에 해당 내용을 상담했다. 본부장과 주고받은 문자와 건강보험 직장가입자 자격취득 신고서를 근로복지공단 관계자에게 제출했고, 이직 사유는 권고사직이 유지됐다.

손해배상의 경우 실제 소송을 벌여 돈을 받아낼 목적이 아니라, 체불임금을 안 주거나 다른 직원들에게 본보기를 보이기 위해서 하는 경우가 많다. 쫄면 안 된다.

실제 소송을 당했다면, 월 평균임금이 400만 원 미만인 경우에는 대한법률구조공단에서 무료로 법률구조를 받을 수 있다. 직장갑질119, 공익인권법재단 공감, 공익인권변호사모임 희망을만드는법 등 직장인들을 위한 법률단체도 많다. 당신은 혼자가 아니다.

취업방해

"그 사람 일 못하니
채용하지 마세요"

민정 씨는 어릴 때부터 아이들이 좋았다. 조카를 놀보는 일도 즐거웠다. 주변 사람들은 천성이라며 유치원 교사를 하라고 했다. 대학 전공으로 주저 없이 유아교육과를 선택했다. 졸업 후 작은 어린이집에서 교사로 일하다 지인의 소개로 다른 어린이집으로 옮겼다. 규모가 크고 월급도 괜찮아 어린이집 선생님들 사이에선 부러움을 사는 직장이었다.

출근하자 원장의 지시가 있었다. 아침 8시 30분이 출근시간인데 8시 20분까지 오라고 했다. 1분만 늦어도 지각 처리, 지각 3회면 연차 1회를 소진한 셈 쳤다. 그런데 정작 원장은 셔틀버스를 핑계로 8시 40분이 넘어 도착했다.

원장은 교사들에게 공부를 강조했다. 유아교육과 비전공 교사들은 방송대 유아교육과에 입학하고 4년 내에 졸업하지 않으면 계약을 종료하겠다는 서약서에 서명을 해야 했다. 날마다 교사들을 불러서 여러 가지 이유로 괴롭혔다.

"화장 안 하면 부모님들이 봤을 때 아파 보이지 않겠어요? 병 있는 거 아니냐고, 부모님들이 싫어해요."

"덩치가 그래서 부모님들이 좋아하겠어요? 빨리빨리 움직이겠어요?"

"호봉 수가 높아 월급도 많이 받아가면서, 그만큼 값어치를 하고 있으세요?"

"다른 어린이집 교사들은 대학원도 나오고 보통 석사인데, 우린 쪽 팔려서 다른 원장들과 말을 못한다니까."

교사들은 10월이 오는 게 두려웠다. 10월 1일부터 원장과 상담이 시작되기 때문이다. 몇 년차인데, 월급을 얼마 가져가는데, 왜 일을 그것밖에 못하느냐고 괴롭혔다. 이 상담기간에 근로계약을 연장할지, 이직할지가 결정된다. 원장은 주변 사람들에게 "내가 내보내고 싶은 교사들은 무슨 수를 써서라도 나가게 했다"고 떠들고 다녔다.

못 견디고 어린이집을 떠나도 원장의 '갑질 유령'은 계속 교사를 따라다녔다. 최근 그만둔 교사가 수도권에 있는 어린이집에 원서를 냈다. 전화를 받은 원장은 교사에 대해 험담을 늘어놓았다. "어디 가서 취직할 때 나한테 연락이 안 오겠어? 내가 어떻게 말하겠는지 생각해봐"라고 했다. 아이를 좋아하는 민정 씨의 천성은 원장의 갑질 앞에 유리 조각처럼 깨졌다.

취업방해 5년 이하 징역

근로기준법 제40조(취업 방해의 금지)에는 "누구든지 근로자의 취업을 방해할 목석으로 비밀 기호 또는 명부를 작성·사용하거나 통신을 하여서는 아니 된다"고 되어 있다. 이를 위반하면 5년 이하의 징역 또는 3,000만 원 이하의 벌금으로 다른 근로기준법 조항에 비해 엄하게 처벌하고 있다.

전 회사의 대표가 이직하려는 직장에 전화를 걸거나 서류를 보내서 취업을 못하게 된 결과가 발생했고, 이를 입증할 수 있는 구체적 서류, 다른 사람의 진술, 녹음자료 등이 있다면 고용노동부에 진정할 수 있다. '채용단계'에서 '취업을 방해할 목적'으로 '통신' 등을 했다는 입증할 증거를 모으는 게 중요하다.

그러나 증거를 모으기가 쉽지 않다. 블랙리스트 갑질이 가장 심각한 어린이집을 비롯해 사회복지시설, 농·수·축협, 병의원 등 지역에 기반한 소규모 사업장 대표들이 마음에 들지 않는 직원에 대해 악소문을 퍼뜨려 취업을 못하게 하는 일이 적지 않다. 취업을 방해할 목적뿐 아니라 각종 노동관계법 위반, 비리 등을 감추기 위해 직원을 협박하는 무기로 쓰기도 한다.

고용노동부, 교육부, 보건복지부 등 관계기관이 합동으로 취업방해 전수조사를 벌인다면 어떨까?

Q&A | 퇴사
좋은 이별

연인과 이별하는 것만큼이나 회사와 헤어지는 일도 쉽지 않다. 더 좋은 직장을 구해서 떠나는 것이 아니라면, 모든 이별이 그러하듯 상처를 남긴다. 모든 만남이 행복할 수 없고, 인연이 아닌 만남이라면 잘 헤어져야 한다. 이별하는 상대에게 준 모욕과 상처가 언젠가는 자신에게 되돌아온다. 사장님들에게 마더 테레사의 말을 남긴다. "당신을 만나는 모든 사람이 당신과 헤어질 때는 더 나아지고 더 행복해질 수 있도록 하라."

1. 부당하게 해고됐다면?

해고나 징계를 당한 경우 노동위원회에 부당해고(징계) 구제신청을 할 수 있다. 해고(징계)당한 날부터 3개월 이내에 사업장이 소재한 지역 지방노동위원회에 부당해고 구제신청서와 입증자료가 첨부된 신청이유서를 제출하면 된다. 사용자에게 해고가 정당했다는 답변서가 오면, 이를 반박하는 이유서를 보내면 된다. 월급 250만 원 미만을 받는 노동자는 무료로 국선노무사의 서비스를 받을 수 있다. 신청서 접수 후 두 달 정도 지나면 공익위원(3명), 근로자위원, 사용자위원이 참여하는 심문회의를 열어 해고가 부당한지 판정한다. 부당해고가 인정되면 원직에 복직되고, 해고기간 임금상당액을 받을 수 있다.

2. 해고한다고 해서 출근하지 않고 부당해고 구제신청을 했는데, 해고한 적이 없다며 무단결근으로 징계한다고 한다면?

회사가 해고를 통보하는 내용을 녹음하는 등 해고했다는 입증자료를 확보해야 한다. 만약 해고 사실이 분명하지 않으면 일단 출근해서 서면으로 해고통보서를 받거나 부당하게 해고했다는 증거를 남기는 게 좋다.

3. 권고사직으로 퇴사했는데 회사가 자진퇴사로 신고하면?

권고사직으로 인해 실업급여를 받으려면 회사가 근로복지공단에 '이직확인서'와 '고용보험 피보험자격상실 신고서'를 제출해야 한다. 퇴사 사유와 다르게 이직확인서와 고용보험 피보험자격상실 신고서가 제출된 경우 주소지 관할 고용센터나 근로복지공단에 이직 사유가 허위라는 점을 밝히고 입증자료를 제출해야 한다. 담당자를 통해 이직 사유가 정정되지 않으면 아래의 네 가지 방법이 있다.

①고용센터나 근로복지공단에 '고용보험 피보험자격 확인청구'를 할 수 있다. 신청서와 함께 근로계약서, 급여통장 사본, 소득금액증명원, 급여명세서 등 고용관계를 확인할 수 있는 자료를 제출해서 이직 사유 정정을 요구하면 된다.

②'고용보험 피보험자격 확인청구'를 했음에도 정정되지 않았다면 고용노동부 고용보험심사관에게 '고용보험 피보험자격 심사청구'를 할 수 있다. 이직 사유가 허위로 작성되었다는 취지의 심사청구서를 제출하면 고용보험심사관은 30일 이내에 심사청구에 대한 결정을 해야 한다. 인터넷으로도 가능하다.

③고용보험심사관에게 심사청구를 했고, 결정을 받았으나 이에 이의가 있는 경우에는 고용보험심사위원회에 재심사를 청구할 수 있다.

④고용보험심사위원회의 재심사 결정에 불복할 경우 고용보험심사위원회를 대상으로 행정소송을 할 수 있다.

4. 권리를 구제받을 수 있는 기간과 기관은?

—부당해고 구제신청은 해고일로부터 3개월 이내에 사업장을 관할하는 노동위원회

—임금채권 소멸시효는 3년으로, 3년 전 체불임금까지 진

정은 사업장을 관할하는 고용노동부

　—산업재해 신청은 재해 발생일로부터 3년 이내에 근로복지공단

　—실업급여(구직급여) 신청은 퇴사일로부터 1년 이내에 관할 고용 센터

　—민사상 손해배상 청구는 손해와 가해자를 안 날로부터 3년 이내에 법원

　—모욕죄의 공소시효는 5년으로, 범인을 안 날로부터 6개월 이내에 경찰서

　—폭행죄의 공소시효는 5년으로, 폭행이 있었던 날부터 5년 이내에 경찰서

직장 내 괴롭힘 금지법

2019년 7월 16일부터
일명 '직장 내 괴롭힘 금지법'이
시행되면서 근로기준법,
산업재해보상보험법, 산업안전보건법,
고용보험법에 직장 내 괴롭힘 금지에
관한 조항이 신설되었다.

근로기준법

● 직장 내 괴롭힘의 정의 및 금지

제76조의2(직장 내 괴롭힘의 금지)

사용자 또는 근로자는 직장에서의 지위 또는 관계 등의 우위를 이용하여 업무상 적정범위를 넘어 다른 근로자에게 신체적·정신적 고통을 주거나 근무환경을 악화시키는 행위(이하 "직장 내 괴롭힘"이라 한다)를 하여서는 아니 된다.

● 직장 내 괴롭힘 발생 시 조치의무

제76조의3(직장 내 괴롭힘 발생 시 조치)

① 누구든지 직장 내 괴롭힘 발생 사실을 알게 된 경우 그 사실을 사용자에게 신고할 수 있다.

② 사용자는 제1항에 따른 신고를 접수하거나 직장 내 괴롭힘 발생 사실을 인지한 경우에는 지체 없이 그 사실 확인을 위한 조사를 실시하여야 한다.

③ 사용자는 제2항에 따른 조사기간 동안 직장 내 괴롭힘과 관련하여 피해를 입은 근로자 또는 피해를 입었다고 주장하는 근로자(이하 "피해근로자등"이라 한다)를 보호하기 위하여 필요한 경우 해당 피해근로자등에 대하여 근무장소의 변경, 유급휴가 명령 등 적절한 조치를 하여야 한다. 이 경우 사용자는 피해근로

자등의 의사에 반하는 조치를 하여서는 아니 된다.

④ 사용자는 제2항에 따른 조사 결과 직장 내 괴롭힘 발생 사실이 확인된 때에는 피해근로자가 요청하면 근무장소의 변경, 배치전환, 유급휴가 명령 등 적절한 조치를 하여야 한다.

⑤ 사용자는 제2항에 따른 조사 결과 직장 내 괴롭힘 발생 사실이 확인된 때에는 지체 없이 행위자에 대하여 징계, 근무장소의 변경 등 필요한 조치를 하여야 한다. 이 경우 사용자는 징계 등의 조치를 하기 전에 그 조치에 대하여 피해근로자의 의견을 들어야 한다.

⑥ 사용자는 직장 내 괴롭힘 발생 사실을 신고한 근로자 및 피해근로자등에게 해고나 그 밖의 불리한 처우를 하여서는 아니 된다.

●직장 내 괴롭힘 조치사항에 관한 취업규칙 필수 기재의무

제93조(취업규칙의 작성·신고)

상시 10명 이상의 근로자를 사용하는 사용자는 다음 각 호의 사항에 관한 취업규칙을 작성하여 고용노동부장관에게 신고하여야 한다. 이를 변경하는 경우에도 또한 같다.

11. 직장 내 괴롭힘의 예방 및 발생 시 조치 등에 관한 사항

● 직장 내 괴롭힘 발생 사실에 대한 신고·주장을 이유로 한 해고 등 불이익 조치 시 형사처벌

제109조(벌칙)

① 제36조, 제43조, 제44조, 제44조의2, 제46조, 제56조, 제65조, 제72조 또는 제76의3 제6항을 위반한 자는 3년 이하의 징역 또는 3,000만 원 이하의 벌금에 처한다.

산업재해보상보험법

● 직장 내 괴롭힘으로 인한 업무상 정신적 스트레스가 원인이 되어 발생한 질병을 업무상 질병에 포함

제37조(업무상의 재해의 인정 기준)

① 근로자가 다음 각 호의 어느 하나에 해당하는 사유로 부상·질병 또는 장해가 발생하거나 사망하면 업무상의 재해로 본다. 다만, 업무와 재해 사이에 상당인과관계가 없는 경우에는 그러하지 아니하다.

　2. 업무상 질병

　　다. 「근로기준법」 제76조의2에 따른 직장 내 괴롭힘, 고객의 폭언 등으로 인한 업무상 정신적 스트레스가 원인이 되어 발생한 질병

산업안전보건법

● 정부의 책무 규정에 직장 내 괴롭힘 예방을 위한 조치기준 마련, 지도 및 지원에 관한 사항 포함

제4조(정부의 책무)

① 정부는 이 법의 목적을 달성하기 위하여 다음 각 호의 사항을 성실히 이행할 책무를 진다.

　3.「근로기준법」제76조의2에 따른 직장 내 괴롭힘 예방을 위한 조치기준 마련, 지도 및 지원

고용보험법

● 직장 내 괴롭힘으로 인한 이직의 경우 실업급여 인정

고용보험법 시행규칙 [별표2]

수급자격이 제한되지 아니하는 정당한 이직 사유(제101조제2항 관련)

　1. 다음 각 목의 어느 하나에 해당하는 사유가 이직일 전 1년 이내에 2개월 이상 발생한 경우

　3의2.「근로기준법」제76조의2에 따른 직장 내 괴롭힘을 당한 경우

부록 2

그 밖의 직장 내 괴롭힘 관련 법

'직장 내 괴롭힘 금지법' 이외에도
근로기준법, 형법, 민법,
남녀고용평법 등을 통해
직장 내 괴롭힘을 제한하는 법이
시행되고 있다.

근로기준법

사안	관련 규정
사용자가 근로자를 폭행	**제8조(폭행의 금지)** 5년 이하 징역, 5,000만 원 이하 벌금(제107조)
정당한 이유 없는 징계, 전보 등 인사조치	**제23조(해고 등의 제한)** 노동위원회를 통한 구제 가능(제28조)
임신 중이거나 산후 1년이 지나지 않은 여성에 대한 괴롭힘	**제65조(사용 금지)** 3년 이하 징역, 3,000만 원 이하 벌금(제109조) **제70조(야간근로와 휴일근로의 제한)** 2년 이하 징역, 2,000만 원 이하 벌금(제110조) **제74조(임산부의 보호)** 2년 이하 징역, 2,000만 원 이하 벌금(제110조) **제74조의2(태아검진 시간의 허용 등)**
임금, 근로시간과 관련한 괴롭힘	**제36조(금품 청산), 제43조(임금 지급), 제56조(연장·야간 및 휴일 근로)** 3년 이하 징역, 3,000만 원 이하 벌금(제109조) **제50조(근로시간), 제53조(연장 근로의 제한), 제54조(휴게)** 2년 이하 징역, 2,000만 원 이하 벌금(제110조)

형법

사안	관련 규정
폭행, 상해	**제257조(상해, 존속상해)** 7년 이하 징역, 10년 이하 자격정지, 1,000만 원 이하 벌금 **제258조(중상해, 존속중상해)** 1년 이상 10년 이하 징역 **제258조의2(특수상해)** 1년 이상 10년 이하 징역 **제260조(폭행, 존속폭행)** 2년 이하 징역, 700만 원 이하 벌금 **제261조(특수폭행) 등** 5년 이하 징역, 1,000만 원 이하 벌금
모욕, 명예훼손	**제311조(모욕)** 1년 이하 징역, 200만 원 이하 벌금 **제307조(명예훼손)** 2년 이하 징역, 500만 원 이하 벌금 **제309조(출판물 등에 의한 명예훼손) 등** 3년 이하 징역, 700만 원 이하 벌금
협박, 강요	**제283조(협박, 존속협박)** 3년 이하 징역, 500만 원 이하 벌금 **제284조(특수협박)** 7년 이하 징역, 1,000만 원 이하 벌금 **제324조(강요)** 5년 이하 징역, 3,000만 원 이하 벌금

성폭행, 성추행	**제297조(강간)** 3년 이상 유기징역 **제297조의2(유사강간)** 2년 이상 유기징역 **제298조(강제추행)** 10년 이하 징역, 1,500만 원 이하 벌금 **제303조(업무상위력 등에 의한 간음) 등** 7년 이하 징역, 3,000만 원 이하 벌금 **성폭력범죄의 처벌 등에 관한 특례법 제10조(업무상위력 등에 의한 추행)** 3년 이하 징역, 1,500만 원 이하 벌금

민법

사안	관련 규정
직장 내 괴롭힘 행위 전반	**제750조(불법행위의 내용)** **제751조(재산 이외의 손해의 배상)** **제756조(사용자의 배상책임)**
괴롭힘 행위를 방조한 사용자에 대한 책임, 안전배려의무 위반에 따른 책임	**제756조(사용자의 배상책임)** **제760조(공동불법행위자의 책임)**

남녀고용평등법

사안	관련 규정
직장 내 성희롱	제12조(직장 내 성희롱의 금지) 사업주: 1,000만 원 이하 과태료(제39조 제1항) 제14조(직장 내 성희롱 발생 시 조치) 제14조의2(고객 등에 의한 성희롱 방지)
육아휴직, 배우자 출산휴가, 난임휴가, 육아기 근로시간 단축 등 모성보호에 관한 괴롭힘	제18조의2(배우자 출산휴가) 제18조의3(난임치료휴가) 제19조(육아휴직) 제19조의2(육아기 근로시간 단축) 제22조의2(근로자의 가족 돌봄 등을 위한 지원) 제22조의3(가족 돌봄 등을 위한 근로시간 단축)

직장갑질119	www.gabjil119.com
고용노동부	www.moel.go.kr
노동위원회	www.nlrc.go.kr
근로복지공단	www.kcomwel.or.kr
고용복지플러스센터	www.workplus.go.kr
국가인권위원회	www.humanrights.go.kr
대한법률구조공단	www.klac.or.kr
공익인권법재단 공감	www.kpil.org
공익인권변호사모임 희망을만드는법	www.hopeandlaw.org
노동인권실현을 위한 노무사모임(노노모)	www.laborright.net
민주사회를 위한 변호사모임(민변)	www.minbyun.org
전국민주노동조합총연맹	www.nodong.org

직장
갑질에서
살아남기

ⓒ 박점규

초판 1쇄 인쇄 2020년 6월 8일
초판 1쇄 발행 2020년 6월 15일

지은이 박점규
펴낸이 이상훈
편집인 김수영
본부장 정진항
기획편집 고우리
마케팅 천용호 조재성 박신영 조은별 노유리
경영지원 정혜진 이송이

펴낸곳 한겨레출판(주) www.hanibook.co.kr
등록 2006년 1월 4일 제313-2006-00003호
주소 서울시 마포구 창전로 70(신수동) 화수목빌딩 5층
전화 02-6383-1602~3 **팩스** 02-6383-1610
대표메일 book@hanibook.co.kr

ISBN 979-11-6040-392-3 03330